# EDUCAÇÃO

## NA ERA DIGITAL

### conceitos, estratégias e habilidades

O GEN | Grupo Editorial Nacional – maior plataforma editorial brasileira no segmento científico, técnico e profissional – publica conteúdos nas áreas de ciências sociais aplicadas, exatas, humanas, jurídicas e da saúde, além de prover serviços direcionados à educação continuada e à preparação para concursos.

As editoras que integram o GEN, das mais respeitadas no mercado editorial, construíram catálogos inigualáveis, com obras decisivas para a formação acadêmica e o aperfeiçoamento de várias gerações de profissionais e estudantes, tendo se tornado sinônimo de qualidade e seriedade.

A missão do GEN e dos núcleos de conteúdo que o compõem é prover a melhor informação científica e distribuí-la de maneira flexível e conveniente, a preços justos, gerando benefícios e servindo a autores, docentes, livreiros, funcionários, colaboradores e acionistas.

Nosso comportamento ético incondicional e nossa responsabilidade social e ambiental são reforçados pela natureza educacional de nossa atividade e dão sustentabilidade ao crescimento contínuo e à rentabilidade do grupo.

# MARTHA GABRIEL

AUTORA DOS *BEST-SELLERS* **VOCÊ, EU E OS ROBÔS** E
**INTELIGÊNCIA ARTIFICIAL: DO ZERO AO METAVERSO**

**2ª EDIÇÃO**

# EDUCAÇÃO NA ERA DIGITAL

conceitos, estratégias e habilidades

**CIP-BRASIL. CATALOGAÇÃO NA PUBLICAÇÃO**
**SINDICATO NACIONAL DOS EDITORES DE LIVROS, RJ**

G117e
2. ed.

Gabriel, Martha
Educação na era digital : conceitos, estratégias e habilidades / Martha Gabriel. - 2. ed. - Barueri [SP] : Atlas, 2023.

Inclui bibliografia e índice
ISBN 978-65-5977-524-8

1. Tecnologia educacional. 2. Internet na educação. 3. Professores - Formação. 4. Inovações educacionais. I. Título.

| 23-83725 | CDD: 371.3344678 |
| --- | --- |
| | CDU: 37.026:004.738.5 |

Meri Gleice Rodrigues de Souza - Bibliotecária - CRB-7/6439

Respeite o direito autoral

*"A educação torna uma pessoa fácil de liderar, mas difícil de dominar;*

*fácil de governar, mas impossível escravizar."*

Peter Brougham

# SOBRE A AUTORA

**Martha Gabriel** é considerada uma das principais pensadoras digitais do Brasil. Premiada **palestrante** *keynote* internacional, com mais de 90 palestras no exterior, **7 TEDx** e milhares de palestras *keynote* no Brasil em eventos como Gartner IT/Xpo Simposyium, RD Summit (Brasil, Bogotá e Mexico City), Ambev, Bradesco, IBM Think Summit, TIM, Vivo, Oi, Gartner DA (São Paulo e Mexico City), Informa Markets, Abbott, SAP, Cisco, Google, Lumen, entre outros. Curadora (e palestrante) do **Café Filosófico CPFL/TV Cultura** "Futuros Humanos & Humanos Futuros" e palestrante do **Fronteiras do Pensamento, temporada 2022**.

Autora dos *best-sellers*:

*Marketing na Era Digital*;

*Educ@r: a (r)evolução digital na educação*;

*Você, Eu e os Robôs: como se transformar no profissional digital do futuro*; e

*Inteligência Artificial: do zero ao metaverso*.

É, ainda, **professora** de pós-graduação no curso de Tecnologias da Inteligência e *Design* Digital (TIDD), da Pontifícia Universidade Católica de São Paulo (PUC-SP); atua também como professora convidada em diversas *business schools* no Brasil, como a USP, o Insper e a Fundação Dom Cabral. Primeira brasileira a fazer parte do *faculty international* da CrossKnowledge, empresa líder em capacitação corporativa *on-line* do mundo.

Colunista das revistas **MIT Technology Review Brasil** e **MIT Sloan Management Brasil**. **Embaixadora Global** da **Geek Girls Latin America** no Brasil, entidade de fomento à educação STEM para garotas, visando ao aumento de equalidade.

É **executiva** e **consultora** nas áreas de *business*, inovação, futurismo e educação, utiliza tecnologia como instrumento de transformação positivo de vidas desde o início de sua carreira, tendo auxiliado grandes corporações em suas jornadas de desenvolvimento.

**Futurista** pelo Institute For The Future (IFTF), nos Estados Unidos. **Engenheira** pela Universidade Estadual de Campinas (Unicamp), pós-graduada em **Marketing** pela Escola Superior de Propaganda e Marketing de São Paulo (ESPM-SP) e em *Design* pela instituição Belas Artes, mestre e Ph.D. em **Artes** pela Escola de Comunicações e Artes da Universidade de São Paulo (ECA-USP), com **Educação Executiva** pelo Massachusetts Institute of Technology (MIT), nos Estados Unidos, além de conselheira pelo Instituto Brasileiro de Governança Corporativa (IBGC).

Eterna curiosa, eterna **aprendiz** ;-)

**MARTHA GABRIEL**

martha.com.br

Instagram, LinkedIn & Twitter: @MarthaGabriel

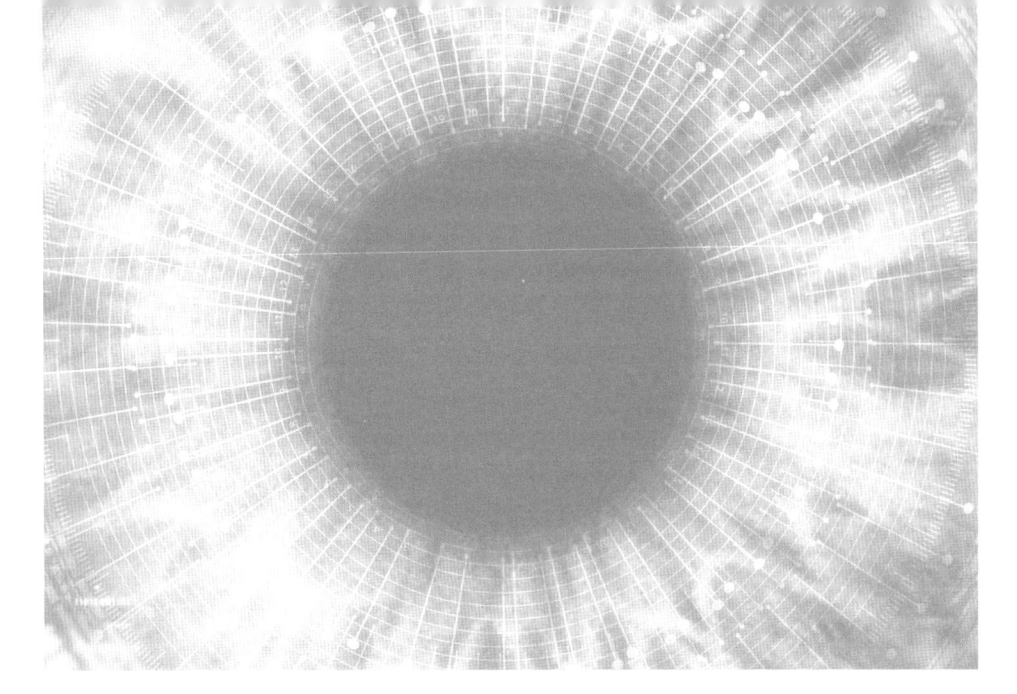

# RECURSOS
# DIDÁTICOS

Para facilitar o aprendizado, este livro conta com o seguinte recurso didático:

- QR Codes com *links* diversos para conteúdos adicionais.

Para acessá-los, basta posicionar a câmera de um *smartphone* ou *tablet* sobre o código.

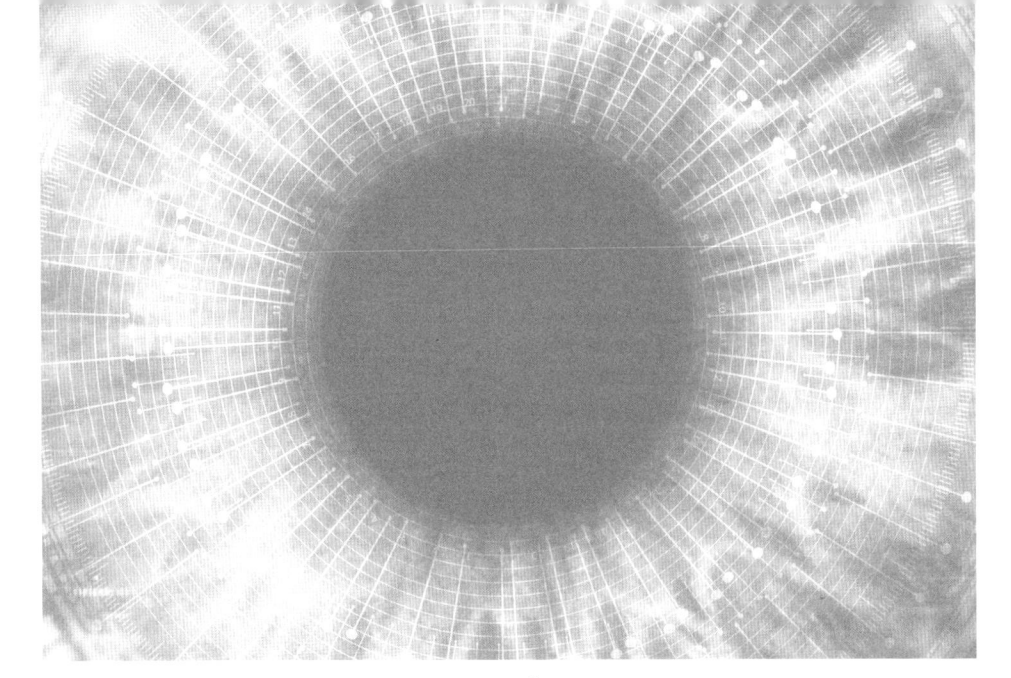

# SUMÁRIO

**PARTE III**

## FUTURO DA EDUCAÇÃO, 97

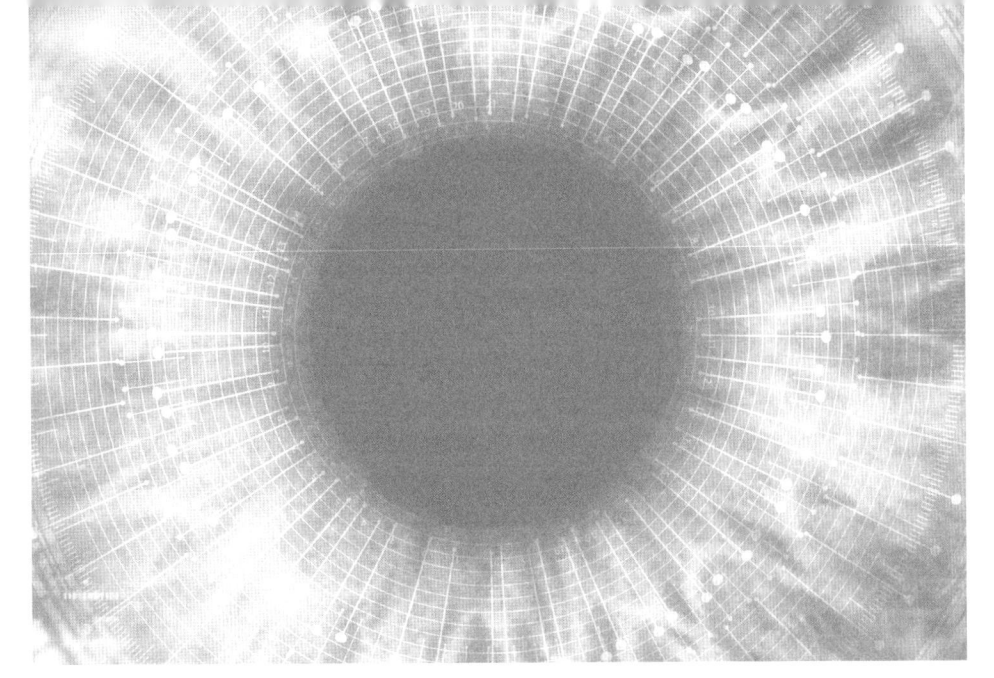

# INTRODUÇÃO

A evolução das tecnologias digitais de informação e comunicação tem transformado profundamente a sociedade em todas as suas dimensões, inclusive a educação. A **hiperconexão** (causada principalmente pela banda larga e a mobilidade), a **disponibilidade** e o **acesso a conteúdos** (alavancados pelo *big data* e pela *cloud computing*), somados às **tecnologias inteligentes criativas** (possibilitadas pelo avanço da inteligência artificial), têm modificado a forma como as pessoas **obtêm, trocam e criam informações**, impactando consequentemente como aprendem – e isso muda completamente as regras do jogo da educação.

A velocidade crescente e vertiginosa com que o cenário tecnossocial tem se modificado já vinha acontecendo muito antes da pandemia de 2020, e já era parte fundamental das discussões da 1ª edição deste livro, em 2013. Em apenas uma década (2000 a 2010), vimos a internet se tornar a **principal plataforma planetária** de comunicação, entretenimento, negócios, relacionamento, aprendizagem e a infraestrutura responsável pelo novo tecido da humanidade globalizada. Na década seguinte (2011 a 2020), devido ao avanço nas tecnologias móveis associadas com IoT e IA,[1] a internet transforma-se no **cérebro global conectado, onipresente, onisciente e onipotente**, recriando a nossa realidade com possibilidades infindáveis para ampliar o potencial humano, mas que, ao mesmo tempo, nos apresenta desafios inéditos nessa jornada.

A pandemia de Covid-19, em 2020, acelerou ainda mais o que já era acelerado, ampliando consideravelmente o grau de digitalização da humanidade – em questão de meses apenas, praticamente todo o planeta passou a operar no modo remoto digital para enfrentar a Covid-19. Essa transformação digital globalizada deixou legados, aprendizados e experiências que passaram a afetar o comportamento e a expectativa das pessoas desde então. Na esteira de aceleração digital da pandemia, vimos o surgimento de novas ferramentas de IA que utilizam bases enormes de textos para aprendizado e criação – o GPT3, da OpenAI –, que têm evoluído cada vez mais rapidamente e têm criado conteúdos, que muitas vezes se equiparam ao nível humano. E isso é apenas o começo.

O mundo analógico era limitado. O digital, mesmo com toda a IA, também é. Um chega aonde o outro não alcança e, nesse sentido, o grande poder que as tecnologias trazem é permitir um mundo híbrido, onde as experiências podem atingir o seu máximo potencial, aproveitando o melhor de cada dimensão: *on* e *off-line*. Esse é o cenário em que nos encontramos hoje e que aponta para um futuro híbrido, não digital. E esse tende a ser também o futuro da melhor educação: híbrida, *smart*, distribuída.

Nesse processo evolutivo, a Era da Informação foi gradativamente dando lugar à Sociedade da Informação, que, por sua vez, fundamenta e impulsiona a Era Cognitiva em que vivemos. O modelo de sociedade baseada em átomos, homogênea, estruturada, hierarquizada, compartimentada, foi se transformando em um modelo de **sociedade fluida, flexível, diversa, híbrida, fragmentada, hipertextual, não linear, alicerçada em *bits* e *bytes*, digital**. Redes sociais *on-line*, tecnologias *mobile*, realidades mistas, tecnologias de voz, vídeo imersivo, ambientes virtuais 3D, *games*, *e-books* e sistemas inteligentes[2] são algumas das plataformas digitais que se apresentam para ampliar o cenário de comunicação, interação e aprendizagem. Com isso, as possibilidades de personalização, distribuição, consumo e compartilhamento na educação tornam-se cada vez maiores, aumentando também, consigo, tanto o seu grau de complexidade quanto a **demanda por maior sofisticação intelectual das pessoas** para conseguirem atuar de forma eficiente nesse contexto.

---

1. As siglas referem-se a IoT – *Internet of Things* (Internet das Coisas) e IA – Inteligência Artificial.
2. Sistema que utilize alguma forma de tecnologia de IA para solucionar ou auxiliar na solução de problemas.

Nesse sentido, a análise dos **impactos dessas tecnologias na educação** é o primeiro passo para que possamos atender às necessidades educacionais emergentes e evoluir para um modelo de educação adequado ao mundo que se apresenta.

Nesse contexto, o grande desafio dos sistemas educacionais, educadores e instituições de ensino é conseguir acompanhar esse ritmo acelerado de transformações. Para um educador (professores ou pais) exercer com maestria o seu papel, é necessário que ele primeiro se transforme para, depois, conseguir realmente ajudar seus alunos. Essa transformação requer uma mudança profunda de mentalidade, atitudes e habilidades para se tornar um **catalisador de reflexões e conexões para seus alunos** nesse ambiente mais complexo, rico e poderoso. Professores e educadores são cada vez menos necessários como "provedores de conteúdos" e cada vez mais necessários como tutores, mentores, parceiros, que auxiliam seus mentorados a desenvolverem suas máximas potencialidades navegando no infinito mar de possibilidades existentes.

Pensando nisso, escrevi a primeira edição deste livro em 2013 com o objetivo de **fomentar a discussão sobre os impactos do digital na educação**. A obra tornou-se um *best-seller* e, no ano seguinte, foi finalista do Prêmio Jabuti na categoria de educação. De lá para cá, as tecnologias digitais continuaram implacavelmente nos reestruturando, se disseminando cada vez mais por todas as dimensões da vida humana, requerendo que a educação digital também se expandisse para além do ambiente educacional formal. Por isso, em 2017 resolvi separar este livro em duas partes – uma que auxiliasse qualquer pessoa a se educar para fazer **a sua própria transformação digital**; e outra com foco exclusivo na transformação digital na educação. Assim, a partir da 1ª parte do livro *Educ@r* nasceu em 2017 o livro *Você, Eu e os Robôs: como se transformar no profissional digital do futuro* (e que também se tornou rapidamente um *best-seller* e foi finalista do Prêmio Jabuti no ano seguinte ao seu lançamento). Agora, com base na 2ª parte do livro *Educ@r*, nasce esta 2ª edição do livro, com o título atualizado para *Educação na Era Digital*. Portanto, para aqueles que desejem compreender como a tecnologia e o ser humano têm evoluído juntos, de forma simbiótica, e vislumbrar para onde nos direcionamos como humanidade, sugerimos a leitura do *Você, Eu e os Robôs*. Neste livro, discutiremos especificamente os impactos tecnológicos na educação, pressupondo que o leitor já conheça e compreenda a transformação tecnossocial que tem se desenvolvido no mundo.

Aqui, refletimos sobre **a educação do futuro**; os **desafios e as oportunidades** que ela nos traz; como **se transformar** para alinharmos nossas habilidades com o que o mundo demanda. Portanto, esta obra apresenta e discute a transformação digital na educação, seus desafios e as possibilidades que as plataformas e tecnologias digitais apresentam. Não temos aqui a pretensão, e nem poderíamos ter, de esgotar o assunto, o qual, devido à própria natureza veloz do ambiente digital, se modifica o tempo todo. A intenção aqui é ser ponto de partida, e não ponto final.

Dessa forma, buscamos apontar **transformações fundamentais da educação na Era Digital** com o intuito de auxiliar professores e educadores para que se sintam preparados para continuar acompanhando as tendências e possibilidades que surgirão. Em virtude da constante evolução das tecnologias e das plataformas digitais, é também intenção deste livro fornecer referências onde essas informações possam ser constantemente atualizadas e os conhecimentos em assuntos específicos serem aprofundados. Assim como nos meus outros títulos, o objetivo final é sempre "ensinar a pescar". O nosso mar aqui é digital e queremos que o leitor esteja sempre apto a pescar e continuar pescando, mesmo quando ocorrerem modificações na maré, na posição dos peixes, no barco ou na tripulação.

Espero que este livro sirva de base e incentivo para que professores, educadores, pais e instituições de ensino desenvolvam projetos educacionais cada vez mais integrados ao ambiente digital, aproveitando todo o seu potencial alinhado com a melhor combinação com a vida analógica.

Desejo a você uma boa leitura e convido para que continuemos essa discussão em inúmeras outras oportunidades, enriquecendo-a a cada colaboração, caminhando em direção à educação ideal para o futuro.

#tamojunto #vamojunto

*Martha Gabriel*

São Paulo, maio de 2023.

# PARTE I

# TRANSFORMAÇÃO NA EDUCAÇÃO

Capítulo 1 – Paideia Digital

Capítulo 2 – Disrupção Digital na Educação

Capítulo 3 – Educação na Era Digital: objetivos, estratégias e agentes

# CAPÍTULO 1

# PAIDEIA DIGITAL

*"A **educação** é a arma mais poderosa
que você pode usar para mudar o mundo."*
Nelson Mandela

Para iniciar uma discussão sobre qualquer tipo de transformação, é fundamental refletir primeiro sobre o seu objeto-alvo, que aqui, no nosso caso, é a **educação**. Assim, antes de pensarmos na transformação digital na educação, acredito que precisamos analisar rapidamente a educação em duas dimensões: sua essência (o que é) e sua evolução (de onde vem e para onde vai).

 ## Educação: essência

Educação é um daqueles conceitos extremamente difíceis de se definir, devido à sua grande abrangência, que envolve diversos agentes (educador, educando, instituições, processos, métodos, tecnologia, resultados, mensuração etc.) e inúmeros campos do conhecimento (Pedagogia, Filosofia, Neurologia, Sociologia etc.) que oferecem perspectivas distintas sobre o assunto, dependendo da área de estudo. Alguns consideram a educação como o processo pelo qual o conhecimento transforma um indivíduo; outros conceituam a educação como o produto resultante adquirido de um processo educacional. Pode-se pensar a educação da perspectiva do educador ou do estudante, ou até mesmo combinadas. Além disso, as discussões podem focar o objetivo da educação, seus métodos, processos, resultados (tipos de transformações obtidas), mensuração etc.

No entanto, independentemente de como se defina educação e as várias visões sobre ela, acredito que existem três níveis interdependentes em que a educação impacta o humano: do indivíduo, da sociedade e da humanidade. Vejamos.

## O indivíduo, a sociedade e a humanidade

No nível do **indivíduo**, a educação funciona principalmente como um instrumento de **ampliação** e **libertação**. Ela pode ampliar tanto o nosso universo **conceitual**, nos conectando a riquezas intelectuais (conhecimentos, pensamentos, reflexões) inacessíveis de outra maneira, quanto o nosso mundo **processual**, nos proporcionando novas formas de fazer, criar e desenvolver soluções para melhorarmos o entorno em que estamos inseridos e nós mesmos. Assim, conforme a educação nos amplia, simultaneamente ela nos liberta de restrições. Como nos ensina um dos mais conceituados linguistas da nossa era, Ludwig Wittgenstein, "**os limites da minha linguagem significam os limites do meu mundo**". Em outras palavras, você não consegue se conectar com aqueles (ou aquilo) que falam uma língua que você não conhece, e, consequentemente, isso te impede de adentrar o universo do outro para expandir o seu conhecimento. Aqui, é importante lembrar que "linguagem" é algo que vai muito além dos idiomas: linguagem é a estrutura conceitual de funcionamento e modo de ser de algo: línguas, culturas, áreas de conhecimento distintas, tecnologia etc. Por exemplo, se não "falamos a linguagem" do computador, é impossível utilizá-lo. Se não "falamos a linguagem" de determinada cultura, não conseguimos fazer parte dela. Assim, tudo no mundo tem a sua própria linguagem, e quanto mais línguas "falarmos", mais adentraremos domínios que expandem o nosso universo. Portanto, podemos dizer que, em última instância, **educação no nível do indivíduo significa aprender as linguagens do mundo** para aumentar o nosso grau de conexão com tudo, permitindo, assim, ampliarmos nossas possibilidades de existência e qualidade de vida. Desse modo, **quanto mais educado um indivíduo se torna, em mais conectado, amplo e livre ele se transforma**.

No nível da **sociedade**, a educação funciona como o **sistema operacional da cultura** – sem ela, todas as outras capacidades sociais não conseguem desenvolver sua plena potencialidade, pois não se conectam umas com as outras para atuarem em conjunto, de modo sistêmico. Do mesmo modo que um programa computacional, por melhor que seja, não consegue ser executado sem um sistema operacional que o conecte com as demais funcionalidades do computador (tela, teclado, disco etc.), em uma sociedade, os relacionamentos, as instituições, os negócios, a cultura etc., são intrinsecamente conectados pela educação. É ela quem determina a maneira com que as relações, expectativas, enfim, toda a interação sociocultural acontece. Por que isso importa? Porque a nossa cultura determina as nossas atitudes, e as nossas atitudes, por sua vez, determinam os nossos resultados. Portanto, **a educação de uma sociedade impacta diretamente nos seus resultados**. Por exemplo, em um local em que a educação fomente atitudes honrosas, provavelmente obteremos resultados mais honestos do que em uma cultura que valorize ou tolere o "levar vantagens". Assim, a qualidade da educação está intimamente ligada aos resultados que uma sociedade tende a alcançar. Isso é comprovado pelos cálculos do economista Eric Hanushek, da Universidade de Stanford, que mostram que avanços na aprendizagem na ordem de 100 pontos do PISA[1] estão associados a uma elevação de 2% no PIB e na renda da população.[2]

No nível da **humanidade**, a educação está intimamente associada ao **grau de adaptabilidade dos seus membros**. Sabemos que, ao longo da nossa história, a cada grande transformação no planeta – tecnológica ou não, como as eras de grandes mudanças climáticas – os indivíduos que mais rapidamente aprenderam a se adaptar foram os que sucederam. Com Darwin aprendemos que, dentre todas as habilidades, é a capacidade de se **adaptar mais rapidamente** que garante não apenas a sobrevivência de uma espécie, mas a vantagem competitiva de seus indivíduos. Adaptação, no final das contas, nada mais é do que a capacidade de **aprender e implementar novos comportamentos** – competências intimamente conectadas à educação. Essa questão torna-se crítica quando pensamos na humanidade como um todo, pois os indivíduos que não conseguem se adaptar precisam ser resgatados, não abandonados. É isso que nos torna humanos, e, para tanto, precisamos conseguir compartilhar com todos a educação necessária que lhes permita não apenas sobreviver, mas viver com dignidade e avançarmos todos juntos. Isso é humanidade e pode ser resumido nas palavras de Nassim Taleb, que diz que "**uma sociedade** é apenas **tão** avançada quanto o seu tratamento dos mais fracos e incapacitados". No reino dos animais irracionais, os mais fracos são abandonados para fortalecer o grupo que permanece. Resgatar os menos favorecidos é uma das principais características que definem e distinguem a humanidade. Certa vez, quando perguntada sobre o que considerava o primeiro sinal de civilização em uma cultura, a antropóloga Margaret Mead[3] argumentou que a prova de uma pessoa com um fêmur quebrado e curado era esse marco: no reino animal, uma perna quebrada significa morte, porque esse indivíduo é deixado para trás, não podendo fugir do perigo, buscar água ou procurar comida. Um fêmur quebrado que se curou é a prova de que outro indivíduo se ocupou de cuidar dessa pessoa até que se recuperasse.

---

1.   Avaliação internacional de aprendizagem de estudantes realizada pela OCDE (Organisation for Economic Cooperation and Development – Organização para a Cooperação e Desenvolvimento Econômico).

2.   Disponível em: https://valor.globo.com/opiniao/coluna/diagnostico-e-caminhos-para-o-investimento-em-educacao.ghtml. Acesso em: 28 mar. 2023.

3.   Disponível em: https://www.forbes.com/sites/remyblumenfeld/2020/03/21/how-a-15000-year-old-human-bone-could-help-you-through-the--coronavirus/?sh=28248ff37e9b. Acesso em: 28 mar. 2023.

Para ela, "ajudar alguém a passar pela dificuldade é o ponto de partida da civilização". Assim, a educação no nível da humanidade é a moral e a ética que nos une como civilização, para nos adaptarmos e evoluirmos juntos, como espécie.

## Tecnologia na evolução da educação

Se, por um lado, a educação nos impacta tanto no nível individual quanto no social e humano, por outro, pensando na nossa evolução, um elemento tem sido fundamental para chegarmos até aqui: a tecnologia. Podemos dizer que a evolução humana se confunde com a evolução tecnológica – desde a nossa origem, mantemos uma relação simbiótica com a tecnologia, de modo que criamos a tecnologia para ampliar as nossas capacidades humanas. Essa ampliação nos transforma, e, em um ciclo evolutivo contínuo, temos nos transformado mútua e continuamente, em todas as dimensões da vida (Figura 1.1).

**Figura 1.1 –** Imagem capturada do TEDx *No brain, no gain*, ministrado por Martha Gabriel, que pode ser acessado pelo QR Code ou em: https://youtu.be/azTaJvHcDBU. Acesso em: 28 mar. 2023.

Focando especificamente em educação, inúmeras foram as tecnologias ao longo da história que, gradativamente, formaram o processo educacional que se apresenta atualmente. É claro que cada nova tecnologia utilizada na educação passou a coexistir com as anteriores. Assim, desde a pré-história, as tecnologias foram se acumulando, complementando-se e transformando a educação. No entanto, *grosso modo*, podemos considerar que três importantes tecnologias marcaram predominantemente as eras educacionais: a fala (linguagem oral), o livro (linguagem escrita) e a internet (tecnologias digitais).

 ## Era da Fala

A primeira tecnologia educacional foi a linguagem oral, que se estabelece como principal recurso até a criação da prensa de Gutemberg, em 1455. A linguagem oral continua ocupando um papel importante na educação atual; contudo, não é mais o único e nem mesmo o central.

Os antigos gregos educavam por meio da fala. Sócrates tinha grupos pequenos de alunos que permaneciam com ele até se tornarem cidadãos e serem apresentados à sociedade. Esse modelo de educação era baseado na paideia e centrado totalmente no aluno e em seu desenvolvimento individual, não na média do grupo. Seu formato era interativo, em que o aluno e o mestre conversavam e construíam juntos o desenvolvimento das aulas. Além disso, a educação era inserida no mundo real, já que ela acontecia nas praças.

A paideia era o caminho que conduzia à educação na Grécia Clássica e era o ideal que os gregos cultivavam do mundo para si e para sua juventude, mas também pode ser encarada como o legado deixado de uma geração para outra na sociedade. Trata-se de uma formação geral que tinha por tarefa construir o homem no seu desenvolvimento pessoal e como cidadão. Os fundamentos da paideia eram os 12 trabalhos de Hércules, que representam as tarefas que ele precisava realizar para se tornar um imortal (Figura 1.2).

**Figura 1.2 –** Painel frontal de um sarcófago no Museu Nacional Romano, com a representação de alguns dos trabalhos de Hércules: da esquerda para a direita, o leão de Nemeia, a hidra de Lerna, o javali de Erimanto, a corça cerinita, os pássaros do lago Estínfalo, o cinturão de Hipólita, os estábulos de Áugias, o touro de Creta e as éguas de Diomedes. Fonte: http://pt.wikipedia.org/wiki/Ficheiro:Twelve_Labours_Altemps_Inv8642.jpg. Acesso em: 28 mar. 2023.

Segundo o filósofo Viktor Salis,[4] a paideia é a arte de formar homens obras de arte, éticos e criadores.

A paideia conduz à formação ética por meio do significado e função de cada trabalho de Hércules, envolvendo desde o desenvolvimento do autocontrole e respeito aos outros até a autorrealização por meio do conhecimento da própria alma. Para o escopo deste livro, apresentamos resumidamente cada um dos 12 trabalhos, ressaltando apenas o foco principal de cada um deles (no entanto, recomendo o estudo da paideia de modo mais aprofundado):

1. **O leão de Nemeia:** o aperfeiçoamento começa **dentro de nós.**

2. **A hidra de Lerna:** o combate aos **vícios,** lembrando que vícios e virtudes estão sempre presentes no homem.

3. **O javali de Erimanto:** vence o **egoísmo.**

4. **A corça cerinita:** o cultivo da **delicadeza.**

5. **Os estábulos de Áugias:** a importância da purificação, especialmente dos **sentimentos.**

6. **Os pássaros do lago Estínfalo:** a importância de se recuperar a **lucidez.**

7. **O touro de Creta:** governar os **instintos.**

8. **As éguas de Diomedes:** a arte de **amar.**

9. **O cinturão de Hipólita:** a coragem de **ser autêntico.**

10. **Os bois de Gerião:** a lição do **desapego.**

11. **Os pomos de ouro do jardim das Hespérides:** a **descoberta de talentos.**

12. **A captura de Cérbero:** as qualidades da **alma.**

## Era do Livro

Apesar de a escrita ter sido inventada há aproximadamente 5.500 anos, foi a prensa de tipo mecânico móvel para impressão, de Gutemberg, que lançou as bases para a disseminação da aprendizagem em massa, tendo no livro o seu mais importante protagonista. A popularização do livro inaugura a possibilidade da leitura silenciosa e individualizada, transformando a educação e revolucionando o mundo. No entanto, a educação baseada no livro é completamente diferente da educação da paideia: acontece nas escolas, lugar separado do mundo "real"; o

---

4.    Salis (2002), *review* em: http://www.skoob.com.br/livro/83058. Acesso em: 28 mar. 2023. Também disponível em audiolivros.

foco principal é no professor, e não mais nos alunos, que passam a ser agrupados por idades e médias de desenvolvimento; a interatividade entre aluno e professor diminui sensivelmente.

Esse modelo tem sido o padrão da educação nos últimos séculos e se estende até os dias de hoje. Se uma pessoa do século XVII pudesse ser transportada no tempo para o século XXI, talvez a única coisa que ela não estranhasse seriam as escolas – tudo mudou muito, as escolas pouco. No entanto, da mesma maneira que a prensa de Gutemberg, no século XV, a internet lançou as bases para uma nova revolução na educação no século XX.

 ## Era da Internet

Conforme a internet se popularizou, a partir do final do século XX, alavancada pela disseminação da banda larga no início do século XXI, gradativamente o modelo socrático de educação se reestabelece natural e espontaneamente. Independentemente de "onde" as pessoas estão fisicamente, a internet permite que elas "visitem" qualquer lugar por meio da conexão. Dessa maneira, mesmo que os estudantes estejam fisicamente inseridos em uma sala de aula na escola, eles estão, ao mesmo tempo, inseridos no mundo "real", quer o professor perceba ou não, incentive ou não, autorize ou não. Conforme os *smartphones* se popularizaram entre os estudantes desde as mais tenras idades, mais esse processo se acentuou.

A internet traz interatividade entre as pessoas conectadas, permitindo trocas de experiência e discussões centradas no interesse do estudante, que detém em suas mãos o instrumento que o habilita para tanto. Assim, independentemente da vontade, ciência ou permissão dos professores, os estudantes resgataram para si a interatividade e o foco da aprendizagem por meio das tecnologias digitais. Com isso, passamos a viver uma paideia digital, potencializada pela internet, banda larga e mobilidade.

Esse processo aconteceu nas últimas décadas em uma camada digital sobreposta à estrutura física e tradicional das escolas e lares, minando o modelo de educação que prevalecia há séculos, que, então, passa a não mais funcionar. Se, por um lado, isso parece ser uma ameaça aos pais, professores e instituições de ensino, por outro, talvez esse seja o maior salto na história para uma revolução espetacular da educação, da aprendizagem e da sociedade, em um contexto em que os educadores ganham papel ainda mais fundamental. Nunca existiram tantas pessoas conectadas e tantas informações disponíveis no mundo, e isso aumenta consideravelmente a complexidade social e informacional. Nesse contexto, os profissionais da informação – professores, bibliotecários e jornalistas – tornam-se cada vez mais necessários como interfaces para ajudar a refletir e extrair conhecimento de tudo isso. No entanto, ao mesmo tempo em que cresce a importância desses profissionais, o seu papel muda completamente: eles passam de detentores da informação para catalisadores de reflexão. Portanto, o educador conteudista perde espaço para as máquinas, enquanto o educador catalisador da paideia digital torna-se essencial.

Assim, discutiremos nos próximos capítulos a transformação digital na educação e no papel do professor, como interface, catalisador e amplificador.

# CAPÍTULO 2

# DISRUPÇÃO DIGITAL NA EDUCAÇÃO

*"A educação é o passaporte para o futuro,*
*pois o amanhã pertence àqueles que se preparam para ele hoje."*
*Malcolm X*

Como vimos no Capítulo 1, tecnologia e educação são intimamente inter-dependentes – a primeira transforma a maneira como nos comunicamos, como a informação é criada, consumida e distribuída, como nos relacionamos uns com os outros e com nós mesmos, e como interpretamos o mundo e interagimos com tudo à nossa volta – isso transforma a nossa vida, a sociedade, o mundo. Essas transfor-mações, por sua vez, passam tanto a **demandar novas habilidades** da humanidade quanto a possibilitar **novas formas de aprender**, requerendo, consequentemente, novas formas de **educar**.

Esse ciclo contínuo vem moldando a educação desde os tempos em que humanos viviam em cavernas: estudos sugerem que os desenhos na pedra (criados com as tecnologias e materiais disponíveis na época, como pedra, sangue, cera, ossos etc.)

eram representações de caças usadas para educar outros humanos, funcionando, inclusive, em alguns casos, como protoescrita.[1]

No entanto, apesar de esse ciclo tecnologia-educação remontar às nossas origens, recentemente, sobretudo a partir do início do século XXI, passamos a experimentar uma aceleração considerável na penetração tecnológica em nossas vidas. Como consequência, as transformações tecnologia-educação também passaram a sofrer aumento de ritmo.

Um marco emblemático do século XX que já sinalizava mudanças nos modos de aprendizado catalisados pelo início do acesso às tecnologias digitais é o Manifesto *Hacker*[2] – um pequeno ensaio, publicado em 1986, por Loyd Blankenship, que usava o pseudônimo *hacker* de "The Mentor", traduzido livremente a seguir:

### O MANIFESTO *HACKER*

Mais um foi pego hoje, está em todos os jornais. "Adolescente preso por crime de computador." "*Hacker* é preso após falsificação bancária..."

Malditos garotos. Eles são todos iguais.

Mas você, em sua psicologia barata e um cérebro tecnológico da década de 1950, nunca viu por detrás dos olhos de um *hacker*? Você já se perguntou o que o marcou, o que o forçou, o que pode tê-lo moldado?

Eu sou um *hacker*, entre no meu mundo...

O meu é um mundo que começa com a escola... Eu sou mais esperto do que a maioria das outras crianças, essa porcaria que eles nos ensinam me entedia...

Malditos estudantes medíocres. Eles são todos iguais.

Eu estou no ensino fundamental ou no ensino médio. Eu ouvi os professores explicarem pela décima quinta vez como reduzir uma fração. Eu entendi. "Não, Sra. Smith, eu não mostrei o meu trabalho. Eu fiz na minha cabeça..."

Maldito garoto. Provavelmente ele copiou. Eles são todos iguais.

Eu descobri algo hoje. Eu encontrei um computador. Espere um segundo, isto é legal. Ele faz o que eu quero. Se ele comete um erro, é porque eu estraguei tudo. Não porque ele não gosta de mim...

Ou se sente ameaçado por mim...

Ou pensa que eu sou um sabichão...

Ou não gosta de ensinar e não deveria estar aqui ...

Maldito garoto. Tudo o que ele faz é jogar jogos. Eles são todos iguais.

E então aconteceu... uma porta se abriu para um mundo... correndo por meio da linha telefônica como heroína pelas veias de um viciado, um pulso eletrônico é enviado, um refúgio contra as incompetências do dia a dia é buscado... uma placa é encontrada.

"É isso... é aí que eu pertenço..."

---

1. Ver mais em: https://en.wikipedia.org/wiki/Cave_painting e https://en.wikipedia.org/wiki/Protowriting. Acesso em: 28 mar. 2023.

2. Disponível em: http://phrack.org/issues/7/3.html. Acesso em: 03 mar. 2023.

Eu conheço todo mundo aqui... mesmo que eu nunca tenha me encontrado com eles, nunca tenha falado com eles, talvez nunca possa ouvi-los novamente... Eu conheço todos vocês...

Maldito garoto. Ocupando a linha telefônica novamente. Eles são todos iguais...

Pode apostar que somos todos iguais... fomos alimentados com comida para bebê na escola enquanto tínhamos fome de bife... os pedaços de carne que você deixou escapar foram pré-mastigados e sem gosto. Nós fomos dominados por sádicos, ou ignorados pelo apático. Os poucos que tinham algo a nos ensinar, nos encontraram alunos dispostos, mas esses poucos são como gotas de água no deserto.

Esse é o nosso mundo agora... o mundo do elétron e do interruptor, a beleza da transmissão. Nós fazemos uso de um serviço que já existe sem pagar por algo que poderia ser baratíssimo, se não fosse administrado por gulosos aproveitadores, e você nos chama de criminosos. Nós exploramos... e você nos chama de criminosos. Nós buscamos conhecimento... e você nos chama de criminosos. Nós existimos sem cor de pele, sem nacionalidade, sem preconceito religioso... e você nos chama de criminosos. Você constrói bombas atômicas, declara guerras, assassina, engana e mente para nós e tenta nos fazer acreditar que é para o nosso próprio bem, no entanto, nós somos os criminosos.

Sim, eu sou um criminoso. O meu crime é a curiosidade. O meu crime é julgar as pessoas pelo que elas dizem e pensam, não pelo que aparentam. O meu crime é ser mais esperto que você, algo que você nunca vai me perdoar.

Eu sou um *hacker* e este é o meu manifesto. Você pode parar este indivíduo, mas não pode parar todos nós... afinal, somos todos iguais.

Esse manifesto é um farol que apontava para a necessidade de mudanças na educação. Essas mudanças começaram a ser semeadas nos primeiros contatos que os jovens de então tiveram ao acessar as primeiras tecnologias digitais disponíveis.

É notável também como alguns visionários do século passado conseguiram preconizar as mudanças que estamos vivendo hoje – entre eles, Buckminster Fuller, Marshall McLuhan, Arthur Clarke, Isaac Asimov e Noam Chomsky. Um exemplo disso é o vídeo apresentado na Figura 2.1, no qual o escritor Isaac Asimov prevê, em 1988, transformações que as tecnologias digitais trariam na educação e que passaram a se realizar em nossas vidas no século XXI: as redes e os computadores possibilitando educação *one to one*, ritmo individualizado e customizado, educação para adultos.

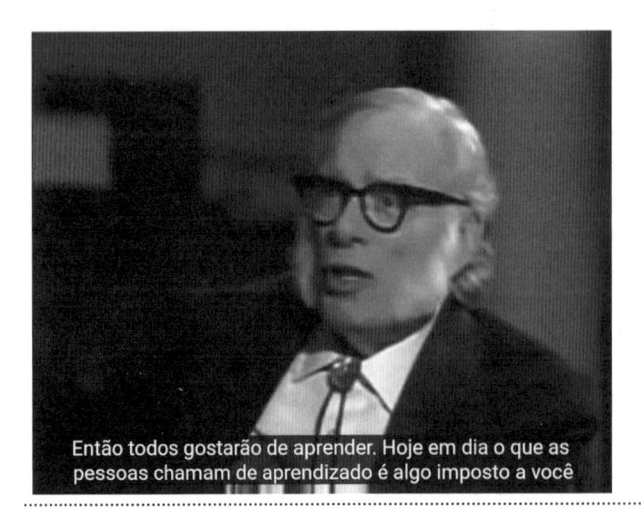

Então todos gostarão de aprender. Hoje em dia o que as pessoas chamam de aprendizado é algo imposto a você

**Figura 2.1 –** Imagem do vídeo gravado em 1988 por Bill Moyers no programa de TV *World of Ideas*, com Isaac Asimov prevendo, entre outras coisas, as redes sociais digitais e aplicações como a Wikipédia, Yahoo! Answers etc. O QR Code da figura dá acesso ao vídeo legendado em português, que está disponível também em: https://youtu.be/CI5NKP1y6Ng. Acesso em: 30 mar. 2023.

## Lifelong learning

A primeira consequência imediata do processo contínuo de aceleração tecnológica é que as pessoas passaram a ter que aprender coisas novas o tempo todo. Essa necessidade de atualização constante para conseguir atuar em meio às transformações trouxe mudanças estruturais profundas na cultura da educação no século XXI.

Até o final do século XX, era considerado suficiente para a maior parte das pessoas estudar apenas enquanto eram jovens e, eventualmente, fazer algumas atualizações durante a carreira profissional. O foco, portanto, residia na educação de jovens, programada para terminar em uma idade determinada. Hoje, a necessidade de atualização constante requer que todos estudem o tempo todo, independentemente da idade que tenham; esse movimento de aprender durante toda a vida é denominado **lifelong learning** e se tornou um dos pilares da educação para o futuro. Em outras palavras, **a educação não para mais, em idade nenhuma, e passa a ser uma atividade cotidiana tão necessária quanto a higiene pessoal, a alimentação ou o sono**. Dessa maneira, a educação de adultos, e não mais apenas de jovens, torna-se uma das vertentes importantes da Era Digital.

Além da educação contínua, outros desafios educacionais surgem na esteira da aceleração tecnológica, como a **validação** do conhecimento e a mudança no **processo** de **aprendizagem**. A primeira impacta as certificações e os diplomas; a segunda coloca em xeque os métodos educacionais. Vejamos a seguir.

## Validação do conhecimento

Alguns fatores principais passam a dificultar a validação do conhecimento:

- O aumento da **velocidade de obsolescência do conhecimento**, que causa a diminuição da importância dos diplomas e certificações, já que o seu prazo de vencimento se torna cada vez menor.
- A crescente **fragmentação e distribuição da informação**, que aumenta a complexidade do processo de validação de um conhecimento adquirido.
- O **acesso a todo tipo de conhecimento e diversas maneiras de obtê-lo desde as mais tenras idades**, que causa um desnivelamento de aquisição de conhecimento por idade – ou seja, estudantes de uma mesma idade podem ter conhecimentos totalmente distintos, tanto em variedade quanto profundidade e maturidade informacional. Como exemplo, podemos ter um estudante de 3ª série do Ensino Fundamental I que tenha conhecimentos avançados sobre tubarões, enquanto os demais têm apenas vagas noções sobre o assunto.

No vídeo *Changing paradigms* (Mudando paradigmas) (Figura 2.2), um dos maiores especialistas mundiais em educação, Sir Ken Robinson, discute alguns aspectos da mudança no papel dos diplomas e certificações argumentando que, apesar de continuarem sendo necessários, passaram a não ser mais garantia de sucesso futuro.

**Figura 2.2 –** Imagem e QR Code de acesso ao vídeo *Changing paradigms* da RSA Animate, com Sir Ken Robinson, legendado em português e disponível em: http://youtu.be/pE4O7bkFGEA. Acesso em: 30 mar. 2023.

Segundo Robinson, o nosso sistema educacional atual foi idealizado e estruturado para a cultura intelectual do Iluminismo e para circunstâncias econômicas da Revolução Industrial. Por trás disso, existe um modelo intelectual da mente que é essencialmente uma visão iluminista da inteligência, que consiste na capacidade de realizar certos tipos de raciocínio reducionista e no conhecimento dos clássicos – em outras palavras, inteligência era sinônimo de habilidades acadêmicas. Nesse conceito, existiam apenas dois tipos de pessoas: acadêmicas e não acadêmicas, pessoas inteligentes e pessoas não inteligentes, e, como consequência disso, pessoas brilhantes pensavam que não eram, porque eram julgadas por essa visão particular da mente (*vide* a essência do Manifesto *Hacker*). As escolas, nesse modelo, são organizadas e funcionam como linhas de produção: sinos e sinais sonoros para marcar o tempo, instalações separadas, disciplinas separadas. As crianças são educadas em lotes organizados por idades.

No entanto, hoje o ambiente e as necessidades econômicas são totalmente diferentes das da Revolução Industrial: os jovens estão expostos a todo tipo de estímulo e interesses, e, portanto, ficam entediados com as aulas tradicionais. Jovens da mesma idade têm necessidades e ritmos de desenvolvimento diferentes uns dos outros, e não deveriam ser educados em lotes homogêneos. Se estamos interessados em um modelo de aprendizado para a era atual, não podemos iniciar com a mentalidade de linha de produção industrial, baseada em padronizações. É necessário mudar os paradigmas e caminhar na direção oposta, superando esses conceitos antigos sobre a capacidade humana, de acadêmico e não acadêmico, abstrato, teórico, vocacional, e entender que eles são um mito.

Se não mudarmos as estratégias educacionais, não conseguiremos mais engajar as gerações mais novas, que já experimentam o protagonismo digital em suas vidas muito antes de entrarem na educação formal.

Outro vídeo inspirador sobre as mudanças dos paradigmas na educação é *The purpose of education*[3] (O propósito da educação), com Noam Chomsky (Figura 2.3), no qual ele discute desde questões tradicionais da educação – como a diferença entre educação e doutrinação – até questões decorrentes do cenário tecnológico, como o desconforto atual da mudança das salas de aula tradicionais para *on-line* e o valor de uma titulação tradicional *versus* um certificado.

---

3.  Também disponível no *site* Open Culture: http://www.openculture.com/2012/11/noam_chomsky_spells_out_the_purpose_of_education.html. Acesso em: 30 mar. 2023.

**Figura 2.3 –** Imagem e QR Code de acesso ao vídeo *The purpose of education*, com Noam Chomsky (apenas em inglês). Disponível em: http://youtu.be/DdNAUJWJN08. Acesso em: 30 mar. 2023.

## Aprendizagem híbrida

As tecnologias digitais trazem consigo um aumento espetacular de possibilidades de **formas de acesso, meios, conexão, informação, interação** e **colaboração** para a vida dos indivíduos, e isso tem implicações não apenas no modo como eles aprendem, mas também, e principalmente, como **solucionam os seus problemas cotidianos**.

Por exemplo, muitas vezes precisamos apenas de um conhecimento básico sobre algo para solucionarmos um problema imediato, como aprender a dar nó em uma gravata para poder participar de uma cerimônia. Nesse caso, não precisamos nos tornar *experts* em nós de gravatas, e uma informação mínima que resolva o problema é o ideal, mas ela precisa ser obtida exatamente naquele momento para solucionar aquela situação. Em outros casos, queremos ou precisamos nos aprofundar em um assunto, com inúmeras fontes, para fazermos análises comparativas e criarmos conhecimento em nossa área de atuação. Nessas situações, desejamos profundidade, variedade de fontes e validação da informação, dados mais atualizados e precisos possível. Assim, a tecnologia tem nos permitido aprender no momento, na quantidade e na profundidade desejada para cada situação, ou, em outras palavras, *on-demand*.

Desse modo, as tecnologias digitais passaram a gradativamente permitir e fomentar uma **aprendizagem comandada pelo indivíduo**, em qualquer idade, tempo e lugar, direcionada para os seus **interesses**, em qualquer **contexto**, da **forma**, da **quantidade** e do **aprofundamento** de conteúdo desejados, com infinitas portas para as mais variadas **fontes de informação** e modalidades de **colaboração** entre pares.

Portanto, se no passado, por falta de opção, a educação era encontrada apenas em grandes blocos separados geograficamente, como em livros, museus, escolas etc., com o avanço das tecnologias digitais, não apenas se torna possível misturar tudo isso, como pode ser feito no ritmo, na quantidade e no tempo que se desejar. Em outras palavras, o digital não trouxe apenas novas formas de aprender e educar, mas também possibilitou que todas as modalidades existentes pudessem coexistir e serem acessadas de acordo com as necessidades do indivíduo.

Um infográfico que ilustra didaticamente várias possibilidades da aprendizagem híbrida é mostrado na Figura 2.4, *Se aprendizagem fosse água*.

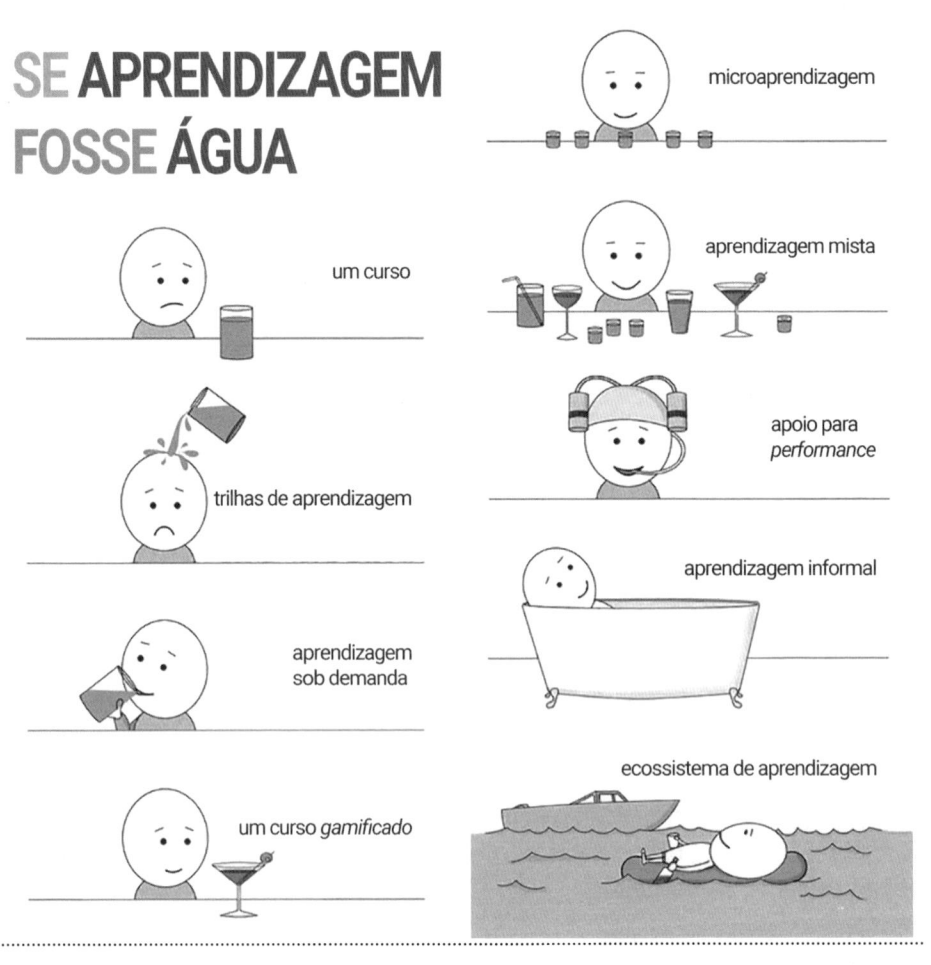

**Figura 2.4 –** Infográfico traduzido e adaptado de https://www.linkedin.com/pulse/infographic-learning-water-arun-pradhan/. Acesso em: 05 mar. 2023.

Resumindo, a tecnologia permitiu que a aprendizagem se tornasse **ativa** (a partir do estudante), **distribuída** (*many-to-many*), ***on-demand*** (a qualquer tempo), **personalizável** (de acordo com as características do estudante – estilo de aprendizagem, facilidades, dificuldades etc.), **customizável** (modificada conforme o contexto, a intenção, a necessidade, o desejo de quem estuda), **social** (com qualquer pessoa) e **híbrida** (utilizando quaisquer tecnologias, formatos, métodos, meios e/ou suas combinações). Isso **eleva o potencial do aprendizado ao seu máximo**, pois permite que a educação esteja disponível para qualquer **pessoa, tempo** e **lugar**, da forma, na **quantidade** e **profundidade** que se deseje. Isso é o que chamamos de **aprendizagem ativa híbrida** – ativa porque a aprendizagem é iniciada e controlada pelo estudante, a partir de seus interesses e necessidades, e híbrida pois permite a mistura de todas as modalidades de aprendizado.

Nesse contexto, o modelo de aprendizagem anterior, que era predominantemente passivo, focado nos educadores (*one-to-many*) e com conteúdos fixos pré-programados, perde completamente sentido.

## ⫽ A pandemia e a renascença digital

Essas discussões já estavam presentes na 1ª edição deste livro, em 2013. No entanto, a partir de **2020**, sofremos uma aceleração acentuada da digitalização no mundo, em função da pandemia de Covid-19, reconfigurando e alavancando a infraestrutura digital informacional que nos conecta. Isso permitiu um **salto do modelo de aprendizagem ativa híbrida** para um patamar ainda mais **poderoso e centrado no estudante**. Mais do que nunca, as pessoas tiveram que aprender rapidamente a usar o digital, devido ao distanciamento físico que se instaurou para combater a pandemia de Covid-19, e, assim, tudo começou a funcionar pelo digital, inclusive para obtenção de necessidades materiais, como comida, roupa, produtos de higiene etc. Esse aumento da digitalização impulsionado pela pandemia permitiu a ascensão, nos anos seguintes – 2021 e 2022 –, de várias tecnologias disruptivas, que, apesar de já existirem anteriormente, dependiam de uma infraestrutura digital mais madura para evoluírem: *blockchain*, **NFTs** e ambientes **virtuais interativos e imersivos 3D**, que convergem para evolução da *web* **3** e do **metaverso**.[4]

Em paralelo a essa convergência de tecnologias, a **inteligência artificial** (IA)[5] também evoluía a passos largos e passa a se tornar **acessível** a todos, se popularizando no início de 2023 com o lançamento do ChatGPT. **Isso muda completamente as regras do jogo**, não apenas da educação, mas da vida humana, pois, pela primeira vez na história, tecnologias inteligentes passam a estar disponíveis diretamente nas mãos dos indivíduos, que incluem, logicamente, estudantes e educadores. Essa explosão de possibilidades e democratização da IA é apenas a ponta do *iceberg* de uma **nova r(e)volução cognitiva** na humanidade, que tem o potencial de dar

---

4. Para entender essas tecnologias disruptivas e os seus impactos, leia o livro *Você, Eu e os Robôs: como se transformar no profissional digital do futuro*, onde discuto a evolução humana junto com as tecnologias, explico as principais tendências tecnológicas e para onde vamos juntos (humanos + tecnologia).

5. Para entender o que é a IA, como funciona e os seus impactos na humanidade, leia o livro *Inteligência Artificial: do zero ao metaverso*.

origem a uma **renascença digital** e transformar nossa maneira de pensar mais profundamente do que a disseminação da leitura silenciosa individual, introduzida pela tecnologia do livro.

A evolução das tecnologias digitais inteligentes (baseadas em IA) e das tecnologias imersivas (realidade virtual, realidade aumentada e todas as realidades mistas) elevam a aprendizagem para um **novo patamar de hibridização**, em que a tecnologia **deixa de ser apenas um instrumento que viabiliza** e passa a ser **parte ativa** no processo de aprendizagem, configurando, assim, a aurora de uma hibridização humano-tecnologia cognitiva em um nível sem precedentes.

## Hibridização inteligente humano-tecnologia

Por um lado, há as **tecnologias inteligentes** que passam a permitir e oferecer não apenas todo tipo de personalização e customização da aprendizagem, mas também, e principalmente, a mistura de ideias e pensamentos entre humanos e seres digitais.[6] Isso caracteriza um novo tipo possível de aprendizagem: a *smart learning* (aprendizagem assistida por tecnologias digitais inteligentes). Essa interação entre humanos e tecnologias inteligentes na educação viabiliza a automação da **aprendizagem adaptativa** (em que o processo de aprendizagem se transforma dinamicamente para favorecer e otimizar a aprendizagem do estudante), com potencial de personalizar e customizar a educação ao máximo, em um processo misto de controle da dinâmica.

Por outro lado, a melhoria das **tecnologias digitais imersivas** abre as portas para uma dimensão de exploração e experimentação de conhecimentos que apenas é possível por meio de ambientes virtuais imersivos em 3D. Além de poder interagir com a informação de modo dinâmico, esses ambientes permitem também que o estudante realize e teste simulações que seriam impossíveis no mundo físico. Exemplos disso seriam interagir com moléculas e reações químicas no nível microscópico, nadar com seres que habitam as profundezas dos oceanos, simular o lançamento de foguetes nas mais diferentes variações de gravidades, voar sobre as pirâmides do Egito ou sobre a superfície de Marte, entre uma infinidade de outras possibilidades. A diferença entre as tecnologias imersivas e as demais tecnologias digitais é que nas imersivas você "entra" literalmente na informação para experimentá-la e manipulá-la. Portanto, esse tipo de tecnologia permite a forma de aprendizagem imersiva, ou *immersive learning*, e quanto melhores se tornarem

---

6.  Recomendo a utilização de alguma ferramenta de IA generativa, como o ChatGPT, para experimentar como ocorre essa simbiose. Apesar de essas ferramentas inteligentes criarem com base no aprendizado de textos e conteúdos humanos, a velocidade e o volume de combinações com que fazem as associações são impossíveis de serem executados por um cérebro humano, possibilitando, assim, uma relação inédita entre formas criativas de conectar ideias.

as tecnologias imersivas, mais realísticas e poderosas tendem a se tornar também as experiências que elas oferecem.

Com isso, a **aprendizagem híbrida** ganha novos componentes que evoluem dinamicamente (IA, tecnologias imersivas, *web* 3 etc.), tornando-se gradativamente mais ampla e complexa, se apropriando da combinação de **todas as variações de possibilidades** (analógicas e digitais) que já existem e/ou surgem. Assim, com a evolução tecnológica das últimas décadas, a **aprendizagem híbrida passa a reger o aprendizado**, definitivamente.

Nesse contexto, como educadores, **não temos outra opção senão abraçar essas condições**, já que elas se estabelecem e se configuram de modo cada vez mais natural e intrínseco na sociedade. Portanto, o futuro não é digital, é **híbrido** em todas as suas dimensões: humano/digital, *on/off*, tempo/espaço, indivíduo/grupo etc. Consequentemente, a educação (e todos os seus agentes) também precisa ser.

## Educação para um mundo acelerado: inovação, empreendedorismo, sustentabilidade e ética

Vimos como a tecnologia transformou o processo de aprendizagem. No entanto, tão ou mais importante do que aprender é aquilo que se aprende, ou melhor, **aquilo que se deveria aprender**. E essa é outra dimensão da educação profundamente impactada pelas transformações sociais que a tecnologia traz.

Comparando o momento atual com o século passado, podemos dizer que antes a informação era escassa, difícil de obter, cara e demorava para mudar. Os problemas no mundo mudavam muito lentamente e, assim, as suas soluções (informações) continuavam válidas por décadas. Um curso de graduação era quase sempre suficiente para preparar uma pessoa para toda a sua vida profissional. Assim, quem tinha informação, tinha poder durante muito tempo, e, por isso, dar informação para empoderar o indivíduo foi o foco da educação no século XX e os certificados eram tão valorizados.

No entanto, no século XXI, a situação passou a ser oposta – com a disseminação das tecnologias digitais, a **informação** passou a ser **abundante, acessível e barata** (muitas vezes gratuita), e com a aceleração da velocidade de mudança, os **problemas mudam o tempo todo**, fazendo com que a informação perca sua validade muito rapidamente. Nesse contexto, a informação em si perde valor, pois se tornou efêmera e apenas possuí-la não oferece mais poder. O que passa a ser relevante é saber filtrar a informação e usá-la em cada momento para solucionar rapidamente novos problemas que surgem constantemente devido à mudança acelerada que experimentamos. Nesse tipo de ambiente, uma educação focada em fornecer informação e conteúdo não faz mais sentido e um certificado se desvaloriza em um período muito curto. A educação nesse cenário **precisa focar em** ensinar competências que ajudem a pensar para **filtrar**, **analisar e tomar decisões rapidamente**, e não mais a decorar informações, que logo se tornarão obsoletas. Esse tipo de competência é o que encontramos nos ambientes de **inovação** e **empreendedorismo**, por isso, as instituições de ensino têm incorporado cada vez mais inovação e empreendedorismo em seus programas educativos. Além disso, o aumento da velocidade de obsolescência do conhecimento faz com que, especialmente nas áreas que mudam muito rapidamente (como tecnologia), conteúdos mais enxutos e rápidos funcionam melhor do que cursos mais longos e demorados. Para atender a essa necessidade surgiram os *nano/microdegrees*, complementando os cursos de formação mais longos.

Por outro lado, paralelamente ao aumento da velocidade de mudança, experimentamos um grande crescimento também na consciência global em relação à **sustentabilidade**. Isso se deve, entre outras coisas, à necessidade de nos **responsabilizarmos** por nossas ações no planeta, que se tornam cada vez mais impactantes para o futuro, tanto do meio ambiente, quanto da humanidade. A tecnologia tem permitido que, virtualmente, todas as pessoas do planeta se conectem em algum grau. Isso tende a amplificar os efeitos das ações de cada indivíduo, pois, devido à hiperconexão crescente entre seres humanos, o que um faz tem o potencial de afetar todos os outros – e o meio ambiente. Isso gera um ecossistema cuja sustentabilidade e qualidade dependem das ações conjuntas de todos e cada um. Em função disso, educar as pessoas para **sustentabilidade** e **ética** torna-se um dos principais, senão o principal, objetivo da educação na Era Digital. Não é à toa que, após a aceleração da digitalização em 2020 (em função da pandemia de Covid-19), vimos a ascensão de medidas focadas em *Environment*, *Social*, *Governance* (ESG), sigla em inglês para **Meio Ambiente**, **Social** e **Governança**, pilares para um futuro sustentável. A dimensão "Social" do ESG engloba as iniciativas para aumento da **inclusão** e **diversidade** – que, além de serem fundamentais para garantir um futuro que continue sendo humano, são importantes também para a **inovação**, que, como discutimos anteriormente, também é um ingrediente fundamental para navegarmos com sucesso e criarmos esse futuro.

## Disrupção *versus* transformação na educação

Os impactos que as tecnologias digitais geram na educação, analisados neste capítulo – a aceleração da mudança, novas formas de aprendizagem, deslocamento do controle sobre a aprendizagem, novas habilidades necessárias para enfrentar mudanças constantes – alicerçam a **disrupção** que tem minado profunda e rapidamente os sistemas educacionais tradicionais.

Disrupção é um termo usado nas áreas de inovação para designar um fenômeno que acontece a partir da introdução de **tecnologias inovadoras** que minam os alicerces que sustentavam o modelo dominante anterior, impactando todo o seu ecossistema. Diante de uma disrupção, existem apenas duas opções para aqueles que foram impactados: (1) **abraçar a disrupção**, buscando compreendê-la e se transformar para acompanhá-la e, até mesmo liderá-la; ou (2) **resistir** a ela, mantendo o modelo antigo, que eventualmente deixará de ser relevante.

A história nos ensina que aqueles que abraçaram a disrupção venceram. Para tanto, o caminho se **transforma considerando** e **incorporando** os **impactos disruptivos**, e ainda, se possível, **crescendo** com eles.

Discutiremos, portanto, nos próximos capítulos, a **transformação digital** na educação, não apenas para **vencer os desafios** da disrupção digital que se impõe, mas também, e principalmente, para **aproveitar as oportunidades** que o futuro híbrido possa oferecer.

# CAPÍTULO 3

# EDUCAÇÃO NA ERA DIGITAL: OBJETIVOS, ESTRATÉGIAS E AGENTES

*"Quando o ritmo de mudança dentro da empresa for ultrapassado pelo ritmo de mudança fora dela, o fim está próximo."*
Jack Welch

Abrimos este capítulo com uma frase de um dos maiores estrategistas inovadores do século passado porque, se no Capítulo 2 discutimos os **fatores que impactam e causam a disrupção** na educação, aqui nosso foco é sobre como desenvolvemos e executamos **estratégias de transformação da educação** com o **objetivo** de enfrentarmos a disrupção e nos prepararmos, como seres humanos, para criar um futuro cada vez melhor, mais sustentável e ético.

Apesar de Jack Welch se referir ao contexto empresarial, acredito que podemos pensar da mesma forma para o sistema educacional – em outras palavras, quando o ritmo de mudança de um sistema educacional for ultrapassado pelo ritmo de mudança do mundo (fora dela), o seu fim está próximo (perde relevância). Isso é exatamente o que temos visto acontecer na última década: a educação ficando para trás no ritmo de transformação, ao invés de incorporá-lo.

Se pudéssemos resumir os impactos tecnológicos na educação discutidos no Capítulo 2, diríamos que eles se combinam e convergem para sete forças principais:

1) aumento da **velocidade de mudança**;

2) transformação na **natureza da informação**: mais fragmentada, distribuída, híbrida, barata, disponível e efêmera;

3) **ampliação** do acesso à informação: *anyone* (qualquer pessoa, qualquer idade, qualquer formação);

4) **ruptura de tempo e espaço**: *anytime* (a qualquer tempo), *anywhere* (em qualquer lugar);

5) **deslocamento do polo de controle** do fluxo educacional: direção, conteúdo, natureza, frequência, pares (humanos ou tecnológicos), quantidade, profundidade, duração e ritmo;

6) ascensão de **tecnologias mais sofisticadas**: cognitivas (IA), descentralização da validação (*blockchain*) e ambientes imersivos 3D (metaverso);

7) **novas habilidades humanas necessárias** para alcançar sucesso no cenário sociotecnológico emergente.

## Dimensões de transformação da educação na Era Digital: 5W2H

Com essas forças em mente e inspirando-se na metodologia japonesa de gestão 5W2H, podemos mapear e visualizar as dimensões estratégicas da educação que precisam ser transformadas e como podemos traçar planos de ação: **o que** educar (*what*), **quem** educar (*who*), **quando** educar (*when*), **onde** educar (*where*), **por que** educar (*why*), **como** educar (*how*) e o **custo** para educar (*how much*). Vejamos:

### POR QUE educar

Como discutido nos capítulos anteriores, a educação tem como função melhorar a vida das pessoas. No entanto, a sua importância cresce no cenário atual, pois conforme as tecnologias se sofisticam e avançam para as dimensões cognitivas, o ser humano também precisa se sofisticar para continuar relevante nessa equação de atuação conjunta com as máquinas. Assim, se no passado a educação intelectual oferecia um diferencial, atualmente, com a aceleração da mudança e a evolução tecnológica, ela é cada vez mais necessária para **sobreviver** em meio à velocidade e à complexidade crescentes.

### O QUE educar

Conteúdos fixos, não customizáveis, não personalizáveis, com alto grau de obsolescência e apenas a memorização de informações não funcionam mais. O ritmo acelerado de mudança e obsolescência demanda **conteúdos dinâmicos**, customizáveis, personalizados, *on-demand*, **híbridos** e uso da informação como instrumento para **desenvolver as habilidades** fundamentais para lidar com a mudança constante e a ascensão tecnológica, como o **pensamento crítico** e **filosófico**, a **inovação**, o **empreendedorismo** e a **sustentabilidade**. Essas competências, para serem desenvolvidas, implicam o aprendizado de inúmeras outras, que vão desde autonomia e colaboração, passando por lógica, argumentação, retórica e se embasando em responsabilidade cívica, moral e ética. Portanto, a **complexidade** da educação aumenta consideravelmente, passando:

de

blocos fixos de conteúdos analógicos com distribuição centralizada em professores com objetivo de memorização e repetição

para

um entrelaçado de conteúdos dinâmicos híbridos descentralizados com objetivo de desenvolvimento de competências, por meio de uma rede multi/ interdisciplinar, centralizada no estudante.

Para atender às necessidades de formação nesse contexto, surgem novos formatos educacionais, como o **Movimento** *Maker*,[1] os *Nano/microdegrees*,[2] e inúmeras metodologias ativas, como: **Aprendizagem baseada em projetos**,[3] **Aprendizagem cooperativa**,[4] **Sala de aula invertida**,[5] **Aprendizagem por descoberta**,[6] **Aprendizagem autêntica**,[7] entre outras.

## QUEM educar

A mudança acelerada constante exige que não apenas **estudantes** aprendam, mas **todas as pessoas** – de qualquer origem, formação, cultura ou idade –, inclusive, e principalmente, **educadores** e **professores**. Com a ampliação do acesso e da disponibilidade da informação em função da disseminação tecnológica no planeta,

---

1. Sobre o Movimento *Maker*: https://revistaeducacao.com.br/2019/02/22/movimento-maker-educacao/. Acesso em: 28 mar. 2023.
2. *Nanodegrees* ou *microdegrees* refere-se à certificação de um programa educacional *on-line* que ajuda os estudantes a desenvolverem habilidades especializadas específicas.
3. Modelo em que os estudantes são incentivados a resolverem um problema real por meio do um projeto que envolve pesquisa, planejamento, execução e avaliação.
4. Modelo em que os estudantes trabalham em grupo para resolverem problemas e compartilhar conhecimento. O objetivo é promover a colaboração e a comunicação entre os alunos.
5. Modelo em que os estudantes acessam o conteúdo (*on-line* ou *off-line*) antes da aula presencial e o tempo em sala de aula é usado para atividades práticas, discussões e esclarecimento de dúvidas.
6. Modelo em que os alunos são incentivados a descobrir por si próprios os conceitos e princípios por meio de atividades exploratórias.
7. Modelo em que os estudantes são desafiados a resolver problemas reais que são relevantes para suas vidas ou para a sociedade em geral. O objetivo é promover a aprendizagem significativa e a aplicação prática do conhecimento.

isso se torna cada vez mais possível a qualquer pessoa. Dessa forma, acontece um aumento considerável de públicos para educar – por um lado, isso traz novas oportunidades para a educação, mas, por outro, traz também novos desafios, pois a variedade desses públicos (idades, culturas etc.) aumenta o grau de complexidade no desenvolvimento de programas educacionais. Soluções *one-size-fits-all* da educação tradicional do passado não dão conta desse novo contexto, nem mesmo com estudantes da mesma idade, localização e cultura. Os formatos educacionais *on-demand*, **personalizáveis** e **customizáveis** surgem para atender a essa necessidade. Educar deixa de ser exclusividade do educador e privilégio dos jovens, e passa a ser dever e necessidade de todos.

## QUANDO educar

A aceleração da mudança não permite mais a educação apenas durante um período limitado do desenvolvimento do indivíduo. A educação contínua, durante toda a vida, passa a ser a nova regra para a sobrevivência: *lifelong learning*. Isso vale não apenas para os **estudantes**, mas novamente, é para todos, inclusive educadores, principalmente **professores**.

## COMO educar

Limitar a educação à localização geográfica das instituições de ensino, ao período da aula, a poucas referências analógicas, a grandes e longos blocos de conteúdo, à memorização e repetição, e à centralização no educador dá lugar às infinitas possibilidades de combinação de tempo, lugares (digitais, analógicos, *on-line*, *off-line* etc.), formatos, ritmos, tamanhos, métodos, pares, tecnologias. Em outras palavras, as limitações da educação tradicional são substituídas pelas infinitas possibilidades da **educação híbrida**, abraçando todo o tipo de combinação entre *on/off*, analógico/digital, humanos/sistemas, individual/social, os cinco sentidos, formatos informacionais, ritmos, frequências, enfim, tudo que se apresente como recurso que possa ser apropriado no processo educacional. A educação híbrida alimenta-se e favorece o processo de hibridização da aprendizagem, discutido no Capítulo 2.

Além da educação híbrida, a **autonomia** e a **neurodiversidade**[8] passam a ser cada vez mais elementos essenciais na educação. No caso da autonomia, a tecnologia permite que as pessoas comandem vários graus da própria aprendizagem bem antes de iniciar uma educação formal (conforme discutido no Capítulo 2), fazendo com que elas passem a demandar essa característica em qualquer ambiente educacional.

---

8.  A **neurodiversidade** refere-se à diversidade no cérebro humano e na cognição, como em sociabilidade, aprendizagem, atenção, estados de humor e outras funções mentais. Ela fornece uma visão inclusiva da diversidade cognitiva, destacando as diferenças em um nível neurobiológico enquanto considera os contextos socioculturais de uma experiência humana vivida. Para saber mais, acesse: https://en.wikipedia.org/wiki/Neurodiversity. Acesso em: 28 mar. 2023.

Por outro lado, a autonomia é também uma das habilidades fundamentais para o **empreendedorismo** e a **inovação**, competências chaves para a vida na Era Digital; portanto, deve ser fomentada e não inibida. Já a neurodiversidade é essencial, porque a calibragem da educação considerando as diferenças entre os estudantes e os seus estilos de aprendizagem permite **melhor aproveitamento** e otimização do processo educacional, além de reduzir custos devido à minimização de esforços educacionais não eficientes (por parte de todos: estudantes, educadores e instituições de ensino), programas educacionais que levam em conta a neurodiversidade aumentam o **engajamento** do estudante e os resultados do processo educacional.

Uma iniciativa que se tornou referência em metodologias inovadoras em educação com foco em desenvolver autonomia, colaboração e responsabilidade social é a **Escola da Ponte**, em Portugal: os estudantes não são organizados em anos, mas em escopos de trabalho, e avançam em objetivos de acordo com os seus próprios ritmos de aprendizagem.

Outra dimensão importante de "COMO educar" é a **inovação**. Para conseguir acompanhar o ritmo de mudanças contínuas que se impõe, todo o **sistema educacional** – e **não apenas a formação dos estudantes** – precisa incorporar a **cultura de inovação**, que apresenta valores essenciais e necessários para esse tipo de transformação na educação, entre eles: **experimentação, colaboração, abraçar o novo, desapego, agilidade, criatividade**, pensamento focado em **solução de problemas**, entre outros. Nesse sentido, temos visto a ascensão das *EdTechs* – *startups* focadas em inovação tecnológica na área de educação –,[9] que se misturam e combinam com as instituições tradicionais de ensino, alavancando e acelerando os processos de inovação na educação.

## ONDE educar

O digital rompe definitivamente a barreira da **necessidade da sincronicidade de tempo na educação**, permitindo que o fluxo educacional entre educador e aprendiz não dependa mais do seu encontro, e sim das tecnologias disponíveis para realizar o registro, a interação e a fruição do processo de troca entre eles. A aula presencial, que caracteriza o encontro de educador e aprendizes em um local e horário pré-determinados, era uma solução para as limitações impostas pela necessidade de sincronicidade entre eles, e também para as limitações em se encontrarem em outros momentos e lugares. Uma vez superadas essas limitações, a aula pode se expandir para todo e qualquer momento, em todo e qualquer lugar.

A ruptura com a sincronicidade nos fluxos informacionais é um processo que vem acontecendo ao longo da nossa história, e tem sido uma das principais alavancas

---

9. As *EdTechs* criam soluções inovadoras para todo o tipo de serviço educacional, desde cursos *on-line* e jogos educativos até plataformas de ensino e sistemas de gestão de aprendizado.

de disseminação e acúmulo de conhecimento na humanidade, responsáveis por impulsionar a evolução da nossa espécie. Antes da invenção da **escrita**, as formas de registro e propagação do conhecimento eram bastante precárias – imagens difíceis de serem decifradas e oralidade, que, além da sincronicidade necessária para transmitir informações, era imprecisa e frequentemente transformada pelos seus narradores. A escrita passa a permitir maior precisão e longevidade no registro do conhecimento, ganhando força a partir da invenção da prensa móvel de Gutenberg, no século XV, quando se democratiza, escalando a transmissão e o registro de informações no tempo e espaço. Agora, o avanço das tecnologias digitais amplia ainda mais o alcance e torna cada vez mais assíncrono e interativo o fluxo informacional – assim, o digital permite educar/aprender em qualquer tempo e em todos e quaisquer lugares e meios, físicos e/ou digitais: *anywhere* e *everywhere education*. Isso não apenas liberta, como também enriquece a educação, pois possibilita que o contexto em que se encontra o aprendiz entre na equação da aprendizagem – a partir dele, podem-se demandar conhecimentos para descobertas e problemas reais, e independentemente de qual contexto se apresente, é possível educar/aprender por meio dos fluxos informacionais *on-demand*.

## CUSTO de educar

Um dos benefícios mais significativos da evolução tecnológica é o seu impacto na diminuição de custo do acesso a recursos – exemplos simples desse processo são o sal, o gelo e o telefone, itens que há alguns séculos eram considerados de luxo, acessíveis apenas a reis e à elite, e hoje são populares. Esse fenômeno é ainda mais rápido e amplo com as tecnologias digitais, pois elas têm o poder de escalar recursos, alcançando muito mais pessoas e muito mais rapidamente. Isso permite dividir os custos de um módulo educacional entre muito mais pagantes, tornando o custo unitário muito menor. Por exemplo, há 20 anos uma *masterclass* de algum especialista nos Estados Unidos ou Europa tinha uma limitação física de espaço para receber participantes, pois as salas, por maiores que fossem, tinham limites. Assim, o custo daquele especialista era dividido entre as pessoas que se encaixavam nesse limite – 40, 100, ou até mesmo mil pessoas. Para atender mais pessoas, o especialista precisava ministrar várias vezes a mesma *masterclass*. A partir do momento em que as tecnologias digitais passaram a permitir vídeo – *streaming*, ao vivo ou gravado – e o acesso de qualquer lugar do planeta, a economia de escala permite que o custo de uma *masterclass* seja dividido entre milhares ou milhões de indivíduos, elimina a necessidade de viajar (mais uma dimensão da economia de custo), e possibilita que o especialista grave ou ministre a *masterclass* apenas uma vez (economizando seu tempo, que pode ser usado para outra produção), além de ser possível também melhorar a didática da *masterclass* por meio da introdução de edição e extras, elevando a sua qualidade de forma que não seria possível no modo presencial. Um exemplo desses novos recursos digitais que podem ser incorporados a baixo custo e ampliando a experiência educacional é a criação do efeito holograma usando apenas um *smartphone*, sistemas gratuitos de edição de vídeo e plástico de garrafa PET. Acesse o vídeo da Figura 3.1 para ver o efeito holograma que criei durante a pandemia com a declamação do poema *If*,[10] de Rudyard Kipling.

**Figura 3.1 –** Imagem do vídeo com efeito holográfico criado por Martha Gabriel, recitando o poema *If*, de Rudyard Kipling. O QR Code da figura dá acesso ao vídeo que está disponível também em: https://www.instagram.com/tv/CC1-r5UAFnQ/?igshid=YmMyMTA2M2Y=. Acesso em: 30 mar. 2023.

Esse é apenas um dos exemplos de como a tecnologia, se bem utilizada, pode gerar economia de escala na educação, melhorando, ainda, a sua qualidade. Nesse sentido, além dos programas educacionais *on-line* oferecidos por universidades, institutos educacionais e empresas que se especializaram nesse tipo de oferta ao redor do planeta, vimos surgir também os Massive Open Online Course **(MOOCs)** – como os excelentes **Coursera** (coursera.org) e **edX** (edx.org) –, inaugurando um modelo novo de educação, mais acessível e inclusivo, em que os cursos (de alta qualidade, oferecidos por professores de renomadas instituições de ensino nos Estados Unidos) são oferecidos gratuitamente a qualquer pessoa, e apenas aqueles que desejarem certificação pagam um taxa, com valores normalmente muito menores do que os praticados nos cursos presenciais. Outro destaque é a **Khan Academy** (khanacademy.org), que nasceu de uma iniciativa em 2004 do seu fundador – Sal Khan – em tutorar um sobrinho *on-line*, e em alguns anos tornou-se uma das referências de cursos *on-line* gratuitos.

Assim, o uso adequado das tecnologias digitais pode não apenas baratear o custo da educação, como também ampliar a experiência educacional e a inclusão.

---

10. O poema *If* foi traduzido para o português por Guilherme de Almeida – *Se*, versão que recito no vídeo.

## Agentes de transformação da educação na Era Digital

Para reestruturar a educação conforme as dimensões avaliadas com a metodologia 5W2H, é necessário o engajamento de todos os agentes que têm poder de transformar a educação, como **tecnologia**, **instituições de ensino**, **gestores**, **professores**, **educadores** e **legislação**.

O papel da **tecnologia** como agente transformacional da educação é oferecer recursos tanto para obtenção de dados que permitam um conhecimento melhor de contexto – as necessidades e características de cada estudante, professores, instituição, localização, recursos etc. – quanto para permitir a hibridização da educação em todas as suas dimensões.

A tecnologia é fator fundamental para alavancar a educação híbrida. Nesse processo, inclui-se a escolha de tecnologias a serem usadas, sua implementação e, principalmente, a disseminação da sua utilização. O sucesso desta última etapa é intrinsecamente dependente da cultura, que precisa estar disposta a continuamente conhecer e experimentar o novo e, sobretudo, a mudar com ele. Isso é especialmente importante entre educadores e gestores da educação, não apenas para a criação de programas e atividades, mas também para conseguir entender as tecnologias que surgem e acompanhar a sua evolução com os estudantes. Tecnologias surgirão todos os dias e apenas aqueles que as utilizam são capazes de compreendê-las para transcender o seu uso.

Se analisarmos a situação tecnológica atual das instituições de ensino brasileiras, veremos diversos tipos de defasagens entre as públicas e as privadas, além de também estarmos em estágios diferentes se nos compararmos a países estrangeiros. No entanto, parece que o fator "tecnologia" em si não é definitivo para a educação na Era Digital – ele só é diferencial positivo se contar com a participação efetiva do professor e dos planos pedagógicos. O professor deve deixar de ser um informador para ser um formador; caso contrário, o uso da tecnologia será apenas superficial e não transformador.

Percebe-se que o principal fator da equação da transformação digital da educação não é a tecnologia, mas sim as pessoas e como elas usam a tecnologia.

As **instituições de ensino** têm como papel serem catalisadores da transformação, atuando como um *hub*, uma infraestrutura que conecta e viabiliza a ação de todos os outros agentes transformadores da educação – tecnologia, metodologias, educadores, professores, gestores e legislação.

Os **gestores** (reitores, diretores, executivos, coordenadores etc.) são responsáveis pela aplicação e execução da educação, utilizando a tecnologia e os recursos oferecidos pelas instituições de ensino, considerando a legislação, para que a transformação aconteça.

Os **professores** são os agentes diretos da transformação – é por meio deles que a transformação acontece com o estudante, e é para a sua atuação que os demais agentes trabalham.

Os **educadores** – pais, pares e outros indivíduos não profissionais que estão envolvidos com a educação – exercem papel transformacional complementar ao dos professores, e tão importante quanto, pois também estão na linha de frente com o estudante, afetando diretamente o processo.

A **legislação** é um agente que pode alavancar ou limitar as transformações na educação, portanto, exerce papel crucial na sua evolução. Um exemplo disso é que até antes do início da pandemia de Covid-19, em 2020, existiam inúmeras limitações legais no Brasil para a modalidade de aulas *on-line* e isso não permitia a sua disseminação.

## Estratégias *versus* cultura de transformação

Até aqui, vimos inúmeros elementos estratégicos para a transformação digital da educação – suas dimensões e agentes. No entanto, estratégias precisam de um **alinhamento com a cultura** para conseguirem ser implementadas. A cultura é o ingrediente crítico para que qualquer processo de mudança aconteça, e pode ser também, ao mesmo tempo, o seu maior obstáculo.

Nos cursos de excelência no Instituto Disney, é apresentado um raciocínio que nos ajuda a compreender a importância da cultura nos resultados que obtemos:

> A **CULTURA** determina os **COMPORTAMENTOS**;
> os **COMPORTAMENTOS** determinam os **RESULTADOS**;
> portanto, a **CULTURA** determina os **RESULTADOS**.

Assim, não adianta ter a melhor tecnologia ou estratégia de mudança sem uma cultura que fomente os comportamentos que as façam funcionar. Peter Drucker, o pai da administração moderna, dizia que "**a cultura come a estratégia no café da manhã**" – em outras palavras, nenhuma estratégia, por mais maravilhosa e impressionante que seja, conseguirá ser implementada se as pessoas não a aceitarem e a abraçarem. Sem alinhamento com a cultura, a estratégia morre.

Nesse sentido, para conseguir acompanhar o ritmo de mudanças que se impõe, a **cultura educacional** – que abrange desde a formação dos estudantes até todos os métodos e agentes envolvidos na educação – precisa incorporar a **cultura de inovação**, que apresenta os valores essenciais e necessários para realizar a transformação digital na educação.

# EDUCAÇÃO NA ERA DIGITAL

# CAPÍTULO 4

# O PROFESSOR NA ERA DIGITAL

*"O principal objetivo da educação nas escolas deveria ser
criar indivíduos que sejam capazes de fazer novas coisas,
não simplesmente repetir aquilo que outras gerações fizeram."*
*Jean Piaget*

Na Parte I, discutimos os impactos tecnológicos e a necessidade da transformação na educação não apenas para enfrentá-los, mas também, e principalmente, para avançar com eles, aproveitando as oportunidades que oferecem. Nesse processo, **o professor é agente fundamental**, mas atuando de **forma diferente do que vinha fazendo por séculos** no papel de provedor e centralizador da educação. Vejamos.

 ## O professor-interface

Apesar de a sociedade se fundamentar cada vez mais em informação, vimos anteriormente que, após a internet e as novas tecnologias digitais, o valor atribuído à informação tem passado, gradativamente, para o seu **uso**. Esse uso, por sua vez, é mediado por **filtros e reflexões**, e sua qualidade depende disso. Essa função de filtrar a informação e catalisar reflexões torna-se uma **interface** fundamental para a **aprendizagem** e a **tomada de decisão** – isso passa a ter cada vez mais valor, pois a informação em si tem se tornando, de algum modo, disponível a todos; porém, em virtude de sua imensidão e velocidade caótica de crescimento, ela só consegue ser acessada de modo inteligível por humanos por intermédio de filtros (que são interfaces).

Nesse contexto, o valor educacional tem passado de "reter e repetir informação" (conteúdo) para "pensar, avaliar e associar" informação. Nesse deslocamento de valor, a **relevância** do papel do **professor** (ou qualquer educador) também passa para **interface**. Educadores que não se transformarem em interfaces da informação, auxiliando o estudante a filtrar e refletir sobre ela, tendem a ser substituídos por sistemas informativos.

Um experimento emblemático que escancarou essa necessidade de mudança do papel do professor para interface na Era Digital é *O buraco na parede*. Em 2013, Sugata Mitra coloca um computador em um quiosque alojado em um buraco na parede de uma favela em Deli, de modo que as crianças podiam acessá-lo e usá-lo livremente. O experimento mostrou que as crianças, além de **conseguirem aprender umas com as outras**, também **conseguiam aprender facilmente com a tecnologia** sem qualquer treinamento formal.[1] Esse tipo de ambiente é denominado **Ambiente de Aprendizagem Auto-organizado** (ou, em inglês, *Self Organized Learning Environments* – SOLE), cujos resultados são dependentes e influenciados pelo tamanho e diversidade do **grupo de estudantes**, dos **recursos disponíveis** para aprender e dos **estímulos** para direcionar o aprendizado. Esse contexto foi evoluindo de forma que, hoje, com o avanço da internet e das tecnologias digitais, podemos dizer que "o buraco na parede" tornou-se disponível virtualmente para todos, em qualquer lugar e a qualquer instante. Em outras palavras, **o mundo se tornou um Ambiente de Aprendizagem Auto-organizado**, de forma que o **grupo de estudantes** pode incluir como pares quaisquer participantes no planeta (e também sistemas inteligentes) e os **recursos disponíveis** podem ser tudo o que a internet oferece, tanto tecnologias como uma infinidade de conteúdos. Portanto, **o diferencial para a aprendizagem** em qualquer ambiente passa a ser os **estímulos** para direcionar o aprendizado, e esse é o papel que professores e educadores precisam exercer para serem relevantes no processo de educação na Era Digital.

Outro fator que amplia consideravelmente a **importância do educador/ professor-interface no contexto digital** é a **escala**. O digital tem o potencial de **amplificar** tudo – tanto bom quanto ruim. Toda tecnologia traz consigo, sempre, benefícios e malefícios. Alguém já disse que "um computador permite que você produza erros mais rapidamente do que qualquer outra invenção da história da humanidade", e a internet adicionou o ingrediente "rede" para amplificar ainda

---

1. O TED Talks *Construir uma escola na nuvem*, de 2013, em que Sugata Mitra descreve o experimento, está disponível em: https://www.ted.com/talks/sugata_mitra_build_a_school_in_the_cloud?language=pt. Acesso em: 30 mar. 2023.

mais esse potencial. Assim, o poder que o digital oferece ao estudante amplia consideravelmente a sua ação e os impactos no mundo – isso urge por aumento de **responsabilidade** no seu uso e é aqui que a atuação do **educador/professor como interface** faz ainda mais diferença e torna-se **indispensável** para garantir o nosso futuro como humanidade.

 ### Conteúdo *versus* interface

Poderíamos, então, comparar a atuação do **professor-conteúdo** (focado em informação) e do **professor-interface**, focado na mediação, formação.

O modelo professor-conteúdo **esgota as possibilidades** dos alunos no conhecimento do próprio professor e, no melhor dos casos, nas referências adicionais que ele possa passar. O professor-conteúdo funciona como uma janela pré-programada pela qual os alunos veem o mundo limitado. O professor-interface, por sua vez, funciona como uma **porta**, que, apesar de estar fixa e limitada no mesmo lugar, abre-se aos alunos para que a atravessem e **atinjam o mundo sem limitações**.

O professor-conteúdo **nunca conseguirá esgotar o potencial da disciplina**. O professor-interface também não – o conteúdo hoje é praticamente inesgotável. A diferença, no entanto, está no fato de que aquele tende a esgotar a disciplina em si próprio, em suas limitações, ao passo que este tende a **iniciar** o conteúdo em si, abrindo a partir de si os possíveis *hiperlinks* para o mundo ilimitado, **não deixando que suas limitações bloqueiem** o aluno.

No entanto, **ser interface** não é fácil – nem para professores, nem para computadores. Filtrar e oferecer a informação certa, na hora certa e do modo certo, é difícil até mesmo com toda a tecnologia atual. O desafio de ser interface, para professores ou computadores, é que **a interface não tem sentido em si própria** – ela é completamente dependente do **usuário** e do conteúdo acessado –, e quanto mais transparente for, melhor ela é, ou seja, quanto mais sinergia conseguir gerar entre os sistemas interfaceados, sem se interpor a eles: no caso do computador, o ser humano e o sistema/conteúdo; no caso do professor, o aluno e a disciplina/conteúdo. No entanto, para atingir esse grau de transparência e uma mínima resistência ao uso, a interface deve ter diversas características, que se aplicam também ao professor-interface: **adaptabilidade** ao usuário, ao contexto, ao ambiente; **dinamicidade** para se modificar rapidamente em função dos parâmetros de adaptabilidade, **disponibilidade**, **transparência**, **usabilidade**, entre outras.

O aumento da complexidade e da velocidade no mundo nos torna cada vez mais dependentes das interfaces – sejam elas pessoas, *sites*, redes sociais, *blogs*, grupos de WhatsApp, sistemas inteligentes, pais, professores, especialistas, autores ou qualquer filtro que nos permita acessar e compreender melhor o universo. Desprezar essa necessidade da nossa era talvez seja desprezar os sinais para o caminho de um sistema de ensino equilibrado e adequado à nova estrutura sociotecnológica que se estabelece e se transforma dinamicamente. Sabemos que ainda temos muito a aprender e fazer, e que os desafios são grandes, mas os avanços tecnológicos e as mudanças sociais são irreversíveis e contínuos, não podem ser negligenciados. No final das contas, todos fazemos parte deles.

Em suma, com a disseminação e a evolução tecnológica, o **papel do professor que faz a diferença** é o de mentor, catalisador, curador e influenciador, para **estimular o processo de aprendizagem** auto-organizada **centrada no estudante**, direcionando-o para o que **realmente importa**: desenvolver as habilidades e competências fundamentais de cada estudante para que consiga aprimorar o seu máximo potencial, se tornando relevante e contribuindo para o melhor futuro da humanidade. Nesse sentido, em vez de provedor e centralizador da educação, o professor/educador passa a ser **a sua principal interface**.

# CAPÍTULO 5

# ESTRATÉGIAS DA EDUCAÇÃO NA ERA DIGITAL

*"Tudo deve ser feito da forma mais simples possível, mas não simplória."*
Albert Einstein

**Simplicidade** e **complexidade** são duas forças intimamente conectadas, pois quanto maior a complexidade de um ambiente, maior a necessidade de simplificá-lo **para** nele se conseguir viver e progredir.

A **complexidade** é um estado que caracteriza o grau de interdependência entre elementos em um sistema. Quanto mais interligados, mais interdependentes se tornam, e, consequentemente, maior a complexidade. Por exemplo, se pensarmos na estrutura social do planeta Terra no século XX, ela era muito menos complexa do que agora, no século XXI, pois antes as pessoas, os países, as empresas e as organizações eram pouco conectados – havia escassos meios de comunicação, informação e transporte ligando as inúmeras regiões do planeta. Nesse contexto, quando não existe ligação entre dois elementos, o que um faz é independente do outro e, assim, não se afetam mutuamente. Por isso, até os anos 1980, os países e mercados eram impactados muito mais regionalmente do que globalmente. A partir de então, com o aumento gradativo das conexões entre regiões do planeta e depois entre empresas, instituições e pessoas, passamos a sentir impactos de situações que acontecem literalmente do outro lado da Terra.

Atualmente, **o nível de conexão entre tudo e todos aumentou espetacularmente** – comunicação, informação, interação e transportes ligam tudo e todos em **velocidades cada vez maiores**. Nesse contexto, tudo o que acontece no mundo, com qualquer um, em qualquer lugar, a qualquer instante, tem o potencial de criar impactos em qualquer outro lugar da rede. Por outro lado, ao mesmo tempo em que aumentam as interdependências e propagação de impactos, também cresce a dificuldade em se mapear esses impactos e suas intensidades ao longo da rede. Portanto, o aumento da complexidade traz consigo a dificuldade de visualização de causa-efeito, e é exatamente aqui que entra a importância da **simplicidade** – ela busca realizar esse mapeamento para que possamos enxergar, identificar e atuar nesses processos de propagação de efeitos.

Nesse sentido, existe uma diferença fundamental entre ser **simples** e ser **simplório** – o simples resolve a complexidade, enquanto o simplório a evita.

Nos capítulos anteriores, discutimos a transformação digital da educação e do papel do professor nesse processo. No entanto, é necessário também compreender essa **mudança de natureza do ambiente sociotecnológico** em que essas transformações acontecem para que os agentes educacionais – instituições de ensino, gestores, professores, educadores e legisladores – possam atuar resolvendo a complexidade, não evitando.

Para tanto, vejamos a seguir as características de ambientes complexos e estratégias na educação para lidar com elas.

### Sistemas complexos: algoritmos e Teoria do Caos

Até o final do século XX, a linearidade foi a base da construção do conhecimento. Os problemas do mundo eram resolvidos de forma idealizada e linear. A linearidade baseia-se na ordem e previsibilidade entre causa e efeito. Na mecânica clássica de Newton, por exemplo, sabemos que se um carro sai de uma cidade X com uma velocidade Y, ele chegará a determinado local no tempo Z. Portanto, a linearidade serve bem ao estudo e à solução de fenômenos previsíveis.

O grande problema da linearidade surge no estudo de sistemas nos quais não existe uma ordem predeterminada e previsível de acontecimentos, os **sistemas caóticos**, como é o caso de previsão do tempo, arritmias do coração, ataques epilépticos, crescimento populacional, gotejamento de uma torneira, crescimento dos ramos de uma árvore, entre uma infinidade de outras situações naturais. Esses sistemas não são previsíveis, pois apresentam alto de grau de complexidade e se desenvolvem de forma não linear, além de serem sensivelmente dependentes das suas condições iniciais. Uma das mais conhecidas reflexões sobre esse tipo de sistema é o "efeito borboleta", teorizado pelo matemático Edward Lorenz, em 1963: "Um simples bater de asas de uma borboleta no rio Amazonas pode interferir no clima de um local distante como o Texas". Isso se deve à dependência das condições iniciais, dentro do princípio de rede, ou cadeia de acontecimentos, como um efeito de cascata ou bola de neve.[1]

Esses sistemas são frutos da não linearidade e complexidade, gerando comportamentos regidos pela **imprevisibilidade** de causa-efeito e **aleatoriedade** de acontecimentos, de forma que os seus desdobramentos não conseguem ser previsíveis, mas calculados por meio de **probabilidades**. Os sistemas caóticos estão nos domínios de estudo da **Teoria do Caos**.

Conforme o ambiente sociotecnológico torna-se mais complexo e não linear devido às conexões impulsionadas pelo digital, o seu funcionamento passa a se comportar mais como um sistema caótico do que linear. Nesse sentido, os fundamentos da Teoria do Caos tornam-se gradativamente mais apropriados para estudar o mundo do que os baseados em sistemas lineares. Nesse sentido, comparando as características geométricas que regem ambos os sistemas, vemos que os sistemas lineares são representados pela geometria euclidiana, linear, fundamentada em equações, enquanto nos sistemas caóticos impera a geometria fractal,[2] regida por **algoritmos**. Isso é bastante significativo, pois, quando a complexidade e a não linearidade aumentam em um ambiente, os melhores instrumentos para estudar o seu comportamento passam a ser os algoritmos, e não mais equações.

Enquanto uma equação resulta sempre no mesmo resultado, previsível, como a equação de um círculo que sempre resulta no mesmo círculo, um algoritmo fractal, por sua vez, possui uma regra de formação que resulta em figuras similares, mas que provavelmente serão diferentes. Por exemplo, todas as folhas de uma palmeira são reconhecíveis como tal, mas não são idênticas – ou seja, **a mesma regra de formação resulta em diversos resultados aleatórios** em função das condições de umidade, sol, posição em que nascem etc. A imagem da Figura 5.1 mostra a comparação entre as geometrias e suas regras de formação.

---

1. O filme *Efeito borboleta* (*Butterfly effect*), de 2004, é bastante interessante para mostrar didaticamente a importância das condições de início nos sistemas complexos e não lineares. No filme, cada mudança mínima no início da vida do personagem (sistema complexo) causa um efeito completamente distinto no resultado final.
2. Um fractal é a representação visual de sistemas não lineares – eles não têm dimensões inteiras, dependem sensivelmente das condições iniciais, têm comportamento probabilístico. Exemplos de fractais são o floco de neve, uma árvore, a pele humana, a internet.

Geometria euclidiana, linear | Geometria fractal, não linear

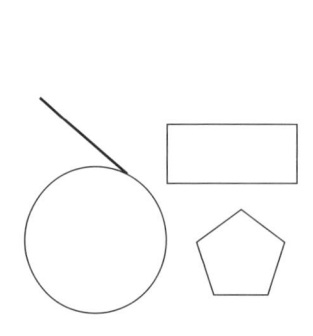

Baseada em escala ou tamanho característico. Apropriada para objetos feitos pelo homem. Descrita usualmente por uma fórmula simples. | Sem tamanho ou escala específica. Apropriada para a geometria na natureza. Descrita por um algoritmo.

**Figura 5.1 –** Comparação das regras de formação de ambientes lineares e caóticos, por meio das geometrias que os regem: euclidiana e fractal, respectivamente. Fonte: imagem criada pela autora.

Um dos sistemas complexos mais antigos é **a mente humana**, e um dos mais modernos é a **internet**. O pensamento humano é governado por dinâmicas não lineares de um complexo sistema que forma a rede neural e que percorre o nosso cérebro e o corpo como um todo. A navegação e a conexão na internet são um processo não linear que depende sensivelmente de por onde entramos para começar a navegação e se desenvolve como o crescimento dos ramos de uma árvore, de forma imprevisível. Nem a própria pessoa que navega, quando entra na internet, pode prever os caminhos que seguirá na rede, pois a cada acesso ou a cada clique surgem novas variáveis que podem alterar o processo da navegação, que se desenvolve de forma diferente do que foi imaginado inicialmente, apesar de manter as características de quem navega, seus interesses, capacidades etc.

 ∧ internet e o hipertexto

A navegação não linear por meio de *links*, característica da internet, cria estruturas hipertextuais, permitindo e resultando em uma forma não linear de leitura e aprendizagem. Até o final do século XX, o consumo de informação acontecia predominantemente por meio de mídias lineares – livro, rádio, televisão etc. A partir da *web*, passamos a consumir informação de forma hipermidiática, não linear e complexa. Isso representa profunda transformação no sistema natural de aprendizado humano, que veio se ampliando gradativamente na última década.

Nas estruturas lineares de informação, como o livro, o controle do fluxo de informações é do escritor, autor do conteúdo. Por outro lado, nas estruturas hipermidiáticas, a leitura e aquisição de informações são construídas pelo leitor, e o controle do ritmo e fluxo de conteúdos também pertencem a ele. Portanto, das estruturas lineares para as estruturas hipermidiáticas ocorre uma **inversão do controle da informação**, demandando métodos completamente distintos de educação.

O termo **hipertexto**[3] foi cunhado por Ted Nelson, em 1963, para descrever o resultado de um texto criado por meio da utilização de uma estrutura de *hiperlinks*, que permite a sua leitura/construção não linear. Apesar de estruturas hipertextuais já existirem antes da internet, como a obra *Ulisses* (1922), de James Joyce,[4] elas eram exceções. A internet e, mais particularmente, a *web*, é a infraestrutura que forneceu o *habitat* natural ao desenvolvimento e à proliferação do hipertexto, em ambiente multimídia, permitindo, desde então, a **escrita e leitura não linear**, utilizando simultaneamente diversos **tipos de mídia**. Esse processo favorece o **desenvolvimento de um pensamento complexo** que, por sua vez, transforma a nossa cognição, constituindo-se, assim, em uma **mudança significativa** a ser considerada na educação.

Isso cria um paradoxo que se torna gradativamente mais complexo e desafiador, conforme as tecnologias digitais se disseminam: ao mesmo tempo em que **podemos cada vez mais sozinhos**, esse poder **depende intrinsecamente e cada vez mais dos outros**, que colaboram e constroem a estrutura na qual nos sustentamos.

O grande descompasso atual na educação que precisa ser solucionado é transformar os modelos educacionais para funcionarem apropriadamente nos sistemas complexos hipermidiáticos de aprendizado, equilibrando esse paradoxo de poder que se intensifica entre o individual e o coletivo. Isso reforça a importância crescente do foco em desenvolver a consciência moral e ética, visando a sustentabilidade e responsabilidade de forma transversal na educação.

 Educação transmídia

Considerando-se a proliferação de plataformas e tecnologias digitais, o processo hipermidiático de navegação na internet passou a transcender a *web*. O hipertexto hoje não precisa mais ser criado apenas por um *link* na *web*, mas pode ser também um QR Code, um SMS, um *link* em aplicativo móvel, entre inúmeras outras possibilidades. Dessa forma, a construção da leitura se dá tanto de forma

---

3. Os termos **hipertexto** e **hipermídia** se equivalem e representam a mesma coisa – estrutura e navegação por meio de *links*, que podem ser simples textos, ou qualquer tipo de mídia: imagens, vídeos etc. Alguns autores preferem usar o termo hipertexto somente para *links* de texto e hipermídia para os outros tipos de *links*.

4. Ver mais em: http://en.wikipedia.org/wiki/Hypertext_fiction e http://www.news.cornell.edu/stories/June05/Hyper_Joyce.dea.html. Acesso em: 30 mar. 2023.

hipermidiática não linear, quanto de forma **transmidiática**, fluindo de uma mídia para outra.

Nesse sentido, o ambiente de aprendizagem torna-se ainda mais rico. Isso sugere que, sempre que possível, os projetos educacionais utilizem essa potencialidade, estruturando-se conteúdos transmídia, que possuem as seguintes características:

- o conteúdo transcende uma única mídia de forma que cada mídia contribui com suas potencialidades – interatividade, funcionalidades, restrições etc.;
- cada mídia pode ser o ponto de entrada para o conteúdo, portanto, cada mídia precisa conter uma parte completa desse conteúdo, que incentive a continuidade da navegação para as demais partes/mídias, mas que não dependa delas para ser compreendida;
- o conteúdo precisa ser interessante para o estudante em qualquer ponto de entrada, portanto, o conteúdo deve ser pensado sob o ponto de vista do leitor, e não do autor.

Se, por um lado, projetos transmidiáticos têm o potencial de enriquecer o processo educacional, por outro, ao mesmo tempo, eles são mais complexos, pois acrescentam mais níveis de interconectividade entre seus elementos, por meio das diferentes mídias que articulam. Assim, a construção de sistemas educacionais transmídia é muito mais complexa do que a de sistemas lineares, e o grande desafio reside na **orquestração de possibilidades de conteúdos que componham um tema educacional**, de forma a serem **distribuídos e disponibilizados nas diversas plataformas tecnológicas**, e com uma **arquitetura da informação** que ofereça **hipertextualidade adequada** para linkar essas diversas plataformas e conteúdos distribuídos.

Os autores de sistemas hipermidiáticos, portanto, precisam desenvolver:

- um sistema aberto **a uma pluralidade de leituras**;
- um sistema que dê espaço **a múltiplos centros e a múltiplos discursos**.

### *Storytelling* como estratégia transmídia

O grande desafio dos projetos transmidiáticos é **vencer a complexidade**, conseguir encontrar caminhos que façam sentido, em meio ao irregular e imprevisível, e apresentá-los da forma mais simples possível para facilitar a sua apreensão. Nesse sentido, uma das estratégias mais eficientes de se orquestrar um projeto transmídia é o *storytelling*: a **estória** se torna o **fio condutor** que liga as várias mídias, dando sentido e construindo o caminho hipermidiático entre elas.

Isso é extremamente eficiente porque o cérebro humano foi configurado para prestar atenção em estórias. Por isso, as estórias fazem parte do desenvolvimento humano e são essenciais a ele: nossas vidas são estruturadas por estórias, tanto pessoais como sobre tudo aquilo que nos cerca – concreto ou abstrato. Desde a antiguidade, as estórias auxiliam o ser humano a lidar com as questões do cotidiano – relacionamentos, divindades, conduta social etc. A mitologia, por exemplo, é construída por estórias que conectam um povo com suas crenças, seu comportamento, sua tradição e sua cultura. Estórias que nos são contadas na infância influenciam a nossa percepção de mundo: Cinderela, por exemplo, ofereceu um modelo de vida que inspirou e se instaurou na percepção de garotas por décadas; Pinóquio traz lições sobre a mentira; Chapeuzinho Vermelho, sobre confiança; A Bela e Fera, sobre beleza interior; e assim por diante. As estórias conduzem fatos e lições que forjam culturas, tanto que cada cultura tem suas próprias estórias, criadas e arraigadas em suas tradições.

Além de as estórias serem importantes devido à atração que exercem no cérebro humano, elas têm outros poderes que são relevantes na educação: um estudo realizado por cientistas da Universidade de Princetown[5] mostra que os **cérebros se sincronizam enquanto uma estória é contada**, criando empatia. Em outras palavras, as estórias não apenas têm o poder de conectar conteúdos entre mídias, mas também, e principalmente, de **nos conectar como humanos**. Por meio da análise cerebral, observa-se que, quando uma estória é bem contada, áreas equivalentes no cérebro do emissor e receptores são ativadas – é como se o contador estivesse implantando ideias no cérebro dos receptores. Não é à toa que Platão dizia que "aqueles que contam as estórias dominam o mundo". Dessa forma, o uso de estórias que sejam ao mesmo tempo interessantes aos estudantes e contenham ensinamentos educacionais importantes pode ser uma excelente técnica para criar conteúdos educacionais no ambiente hipermidiático transmídia atual.

Um exemplo de estória que cumpre essa função é *Vida de inseto*, da Disney: por um lado, na superfície, é uma estória atrativa para crianças em uma trama simples do bem *versus* o mal. No entanto, por detrás, revela uma complexidade que ensina lições valiosas sobre economia e governo.[6]

Outra característica importante no uso de estórias na educação é que não apenas educadores, mas também, e talvez principalmente, qualquer estudante pode participar do processo de criar e contar estórias. Isso tem sido possível porque ao mesmo tempo que as tecnologias ficam cada vez mais sofisticadas e poderosas, as ferramentas estão se tornando cada vez mais acessíveis e intuitivas, fáceis de usar.

Assim, as **fronteiras estão se dissipando** entre pessoas que criam, usam, produzem, transformam, publicam, distribuem e têm qualquer outro relacionamento

---

5. Fonte: *Why sharing stories brings people together*, de Joshua Gowin. Disponível em: http://www.psychologytoday.com/collections/201106/the-power-stories/the-connector. Acesso em: 10 mar. 2013.

6. Fonte: *Political and industrial revolution in bug's life*, de L. Dean Webb. Disponível em: http://www.zzzptm.com/bugslife.pdf. Acesso em: 10 mar. 2013.

com conteúdos e estórias. Isso permite que professores, educadores e criadores de conteúdo ampliem o universo ficcional de suas estórias educacionais de forma a incluir a participação do estudante de forma ativa e interativa que as mídias atuais permitem.

As estórias têm um poder enorme na formação humana, mas o modo como nos envolvemos com uma estória influencia profundamente esse poder. Em 450 a.C., há quase 2.500 anos, Confúcio já dizia "Conte-me e eu esquecerei. Mostre-me e eu lembrarei. Envolva-me e eu compreenderei". Portanto, se a participação interativa do estudante fortalece o seu vínculo com a estória e com o que ela representa, agora, as novas tecnologias digitais não apenas permitem muito mais formas de participação, como também funcionam por meio dela, enriquecendo, portanto, o processo educacional transmídia e as estratégias de *storytelling*.

Outra contribuição importante que as estórias podem trazer na educação – além da capacidade de criar empatia, conectar e envolver – é o poder psicológico que exercem. Segundo a doutora Pamela Rutledge,[7] existem diversos motivos psicológicos que tornam as estórias poderosas:

- **Estórias são a forma primordial de comunicação**: elas são *links* eternos para tradições antigas, lendas, arquétipos, mitos e símbolos, e nos conectam a um ser maior e verdades universais.

- **Estórias têm a ver com colaboração e conexão**: elas transcendem gerações, nos engajam por meio de emoções e nos conectam uns aos outros. Por meio das estórias, compartilhamos paixões, tristezas, dificuldades e alegrias, além de significados e propósitos. Estórias são a base que permite às pessoas se comunicarem, superando nossas defesas e diferenças. Estórias nos permitem compreender melhor a nós mesmos e encontrar o que temos em comum com os outros.

- **Nós pensamos por meio de estórias**: elas são os instrumentos que usamos para criar significado na vida. Elas fornecem esquemas, *scripts*, mapas cognitivos, modelos mentais, metáforas ou narrativas. Elas são como explicamos o funcionamento das coisas, tomamos decisões, justificamos nossas decisões, persuadimos os outros, compreendemos nosso lugar no mundo, criamos nossas identidades e ensinamos valores sociais.

- **As estórias fornecem ordem**: os humanos procuram certezas, e a estrutura da narrativa é familiar, previsível e confortante. Dentro do contexto

---

7.  Fonte: *The psychological power of storytelling*, de Pamela Rutledge. Disponível em: http://www.psychologytoday.com/blog/positively-media/201101/the-psychological-power-storytelling. Acesso em: 10 mar. 2013.

do arco da estória, podemos resistir a intensas emoções porque sabemos que a solução segue o conflito. Podemos experimentar com uma rede de segurança.

- **Estórias criam experiências e emoções**: as estórias acontecem na imaginação, no entanto, para o cérebro humano, experiências imaginadas são processadas da mesma forma que experiências reais. Portanto, apesar de imaginadas, as estórias criam emoções genuínas, presença (no sentido de estar em algum lugar) e respostas comportamentais.

- **As estórias são o caminho para disparar a nossa imaginação**: quando imaginamos, podemos nos tornar participantes da narrativa, saindo do nosso mundo para enxergar sob outra perspectiva e aumentar nossa empatia pelos outros. Por meio da imaginação, liberamos a criatividade, que é a base para inovação, autodescobrimento e mudança.

No entanto, por mais poderosas que sejam as estratégias de *storytelling*, elas só funcionam se forem criadas com os interesses do público – no nosso caso, os estudantes – em mente. Esse é o principal desafio na criação de estórias transmídia engajadoras que criem conexão para transmitirem o conteúdo educacional. Novamente, destacamos aqui a importância de o foco ser no leitor, e não no autor, para que o processo seja efetivo.

## Criatividade

A criatividade sempre foi ingrediente essencial para a solução de problemas, e torna-se ainda mais importante quando as mudanças aceleram e problemas inéditos surgem constantemente. Assim, no cenário atual, digital, hipertecnológico e acelerado, a criatividade passa a ser uma das habilidades mais valiosas para encontrar novas formas de solucionar problemas e otimizar oportunidades.

No entanto, até recentemente, a educação tradicional relegava a criatividade a papel secundário, apenas como coadjuvante do desenvolvimento, e não como uma habilidade principal. Em 2006, no TED Talks *As escolas estão matando a criatividade* (Figura 5.2), Sir Ken Robinson enfatiza que pesquisando diversas culturas no mundo, ele observou que as escolas deixavam em segundo plano as artes e a criatividade e focavam no desenvolvimento das habilidades técnicas e racionais, características da era industrial. Além disso, as escolas normalmente criavam uma cultura em que o erro era punido e a repetição valorizada – o inventivo estava na repetição de fórmulas prontas e não na tentativa criativa de solucionar algo novo. Nesse sentido, ele argumenta que onde não tem espaço para o **erro**, não há lugar para fazer coisas originais, e assim, um modelo educacional que desenvolva a criatividade tem que estar preparado para aceitar e lidar com o erro.

**Figura 5.2** – Imagem do vídeo *As escolas estão matando a criatividade*, palestra do Sir Ken Robinson no TED Talks 2006. Disponível, legendado em português, por meio do QR Code ao lado da imagem e em: https://www.youtube.com/watch?v=M2pRR_w-5Uk. Acesso em: 18 abr. 2023.

Paradoxalmente, se por um lado as escolas não fomentam a criatividade, por outro, a criatividade tem florescido espontaneamente na sociedade, em um ritmo atordoante, em função das tecnologias digitais que nos conectam. Seres humanos habilitados com computadores e colaborando uns com os outros têm conseguido resolver problemas mais complexos do que os computadores mais poderosos ou as mentes humanas mais brilhantes sozinhas.

Nesse sentido, as **conexões digitais** favorecem uma Renascença criativa da mesma forma que as conexões físico-geográficas favoreceram a Renascença na Idade Média: depois de descobrir novas fronteiras, o homem precisa se redescobrir, pois a sua visão de mundo se transforma. No entanto, se a Renascença Italiana se fundamentou no potencial do ser humano, a Renascença Digital transcende o homem e é alavancada pelo potencial da conectividade. Isso tem extraordinário potencial catalisador para impulsionar a inovação.

No vídeo *Quando as ideias fazem sexo* (Figura 5.3), Matt Ridley argumenta que durante o desenvolvimento da humanidade, o aumento da conexão entre as pessoas tem sido um dos principais catalisadores para a inovação. Enquanto as comunidades e as tribos permaneciam isoladas, o processo de inovação era extremamente lento. Conforme as tecnologias de comunicação e transporte foram se desenvolvendo, colocando as pessoas em contato, a inovação desenvolveu-se também, no mesmo ritmo. Isso acontece porque quando uma pessoa com uma ideia conversa com outra pessoa que tem outra ideia, as ideias se relacionam e criam-se novas ideias (as ideias fazem sexo, segundo ele) e essa é a base da inovação, as ideias novas. Assim, quanto mais conexão entre pessoas, mais criatividade e inovação se desenvolvem espontaneamente na sociedade.

**Figura 5.3 –** Imagem do vídeo *Quando as ideias fazem sexo*, com Matt Ridley no TED Talks 2010. Disponível, legendado em português, por meio do QR Code ao lado da imagem ou em: https://www.ted.com/talks/matt_ridley_when_ideas_have_sex?subtitle=pt-br. Acesso em: 18 abr. 2023.

Outro vídeo que ilustra o poder das conexões para fomentar a inovação é o *De onde vêm as boas ideias* (Figura 5.4), em que Steven Johnson discute como o processo de aumento de encontros e conexões propiciadas pela disseminação das casas de café na Inglaterra foi crucial para o desenvolvimento e a propagação do Iluminismo. Os estudos de Johnson sobre a inovação e a criatividade concluem que as ideias não são geradas por momentos individuais de eureca, inspiração, epifania ou *flashs*. Ao contrário, uma nova ideia é sempre uma rede desde o momento em que nasce em nosso cérebro, e o melhor ambiente para que ideias se desenvolvam não são locais isolados em que trabalhamos sozinhos, mas **ambientes caóticos** (como os cafés) em que haja uma **rede** que propicie a **serendipidade**: segundo Johnson, "a sorte favorece a mente conectada".

**Figura 5.4 –** Imagem do TED Talks *De onde vêm as boas ideias*, com Steven Johnson. Disponível, legendado em português, por meio do QR Code ao lado da imagem ou em: https://www.ted.com/talks/steven_johnson_where_good_ideas_come_from/transcript?language=pt-br. Acesso em: 18 abr. 2023.

Portanto, se uma das habilidades mais necessárias no cenário de trabalho que emerge é a criatividade, e a conexão é um fator importante para impulsioná-la, precisamos que as escolas ofereçam um ambiente que favoreça conexões com tecnologias e entre pares distintos, com formações e expertises distintas, para que possam colaborar natural e organicamente.

Essa transformação do ambiente escolar para um cenário cada vez mais conectado é propiciada pelas tecnologias digitais. Anteriormente, tínhamos uma limitação física para as conexões, que eram predominantemente comandadas pelo professor e possíveis apenas na sala de aula, em função do modelo físico escolar predominante. Com o surgimento dos ambientes virtuais, ocorre uma descentralização em função da mobilidade e vemos a *gamificação* e abertura da informação florescer: conforme as salas de aulas se digitalizam e fundem com os ambientes digitais, os estudantes se tornam livres para colaborar globalmente. Vemos agora a ascensão de tecnologias inteligentes, pavimentando um cenário em que a inteligência artificial fará a personalização enquanto os professores poderão focar nas estratégias de educação. Nesse cenário, o ensino tende a se tornar cada vez mais híbrido, baseado em projeto-*performance*-portfólio em vez dos trabalhos tradicionais. Esses recursos permitirão que, ao longo do tempo, a educação se torne um esforço contínuo e interconectado, permitindo aos estudantes lidar com um mundo em mudança perpétua.

Além da conectividade, a internet contribui também com outra dimensão importante que favorece a criatividade: **ideias**. Considerando-se que a criatividade nasce da associação de ideias dentro de um contexto preestabelecido, **a internet amplia consideravelmente a quantidade de ideias disponíveis** no ambiente para servirem de insumos para criar. E esses insumos estão disponíveis em todas as formas imagináveis de mídias e fontes – inclusive as *off-line* e analógicas que também estão presentes junto com a internet –, tornando ainda mais fértil o terreno da criatividade. O documentário *Everything is a REMIX* (Figura 5.5) apresenta de forma leve e repleta de exemplos como a criatividade (e a produção de conteúdo copiando + editando + recombinando) acontece desde sempre e como o digital impulsiona esse processo.

**Figura 5.5 –** Imagem do vídeo documentário *Everything is a REMIX* (2015). Disponível em: https://www.youtube.com/watch?v=nJPERZDfyWc, original em inglês, ou legendado em português via QR Code ao lado da figura ou em: https://www.youtube.com/watch?v=SAfCvMNgLjg. Acesso em: 30 mar. 2023.

Ainda pensando sobre REMIX, além da internet, a **inteligência artificial surge como um novo ingrediente nas regras do jogo da criatividade**. Sistemas digitais processam grandes volumes de informação e velocidades milhares de vezes maiores do que o cérebro humano. Nesse sentido, as máquinas conseguem muito mais rapidamente combinar e remixar o que já existe para gerar algo novo. Um exemplo disso acontece nos jogos de xadrez e GO, que envolvem uma quantidade enorme de possíveis movimentos durante uma partida, sendo um campo favorável para máquinas: além dos sistemas de IA dominarem os *rankings*, vencendo os campeões mundiais humanos há muitos anos,[8] eles têm sido usados também para ajudar humanos a descobrirem novas jogadas, criadas por máquinas.[9] Com a popularização das ferramentas de IA generativa, a partir principalmente do início de 2023, marcada pelo lançamento do ChatGPT e diversas outras versões para gerar outros tipos de mídias, esses sistemas tornam-se disponíveis virtualmente para todos, de forma acessível – gratuitos ou com baixo custo e fáceis de usar. Isso tem o potencial de ampliar consideravelmente a criatividade humana, elevando o poder de acessar recursos diversos e combiná-los a um patamar jamais experimentado pela humanidade. Essa ampliação criativa oferece inúmeras oportunidades para a educação, mas traz também consigo, na mesma proporção, desafios. Se por um lado as possibilidades criativas tornam-se virtualmente infinitas com a colaboração das máquinas inteligentes, por outro, questões éticas e legais na utilização de recursos autorais, plágio, autoria e cocriação, entre inúmeros outros desdobramentos precisam ser considerados. Isso reforça a necessidade de a educação se ocupar do que mais importa: comportamentos inovadores, mas que sejam também responsáveis, sustentáveis, éticos.

---

8.   Ver mais em: https://en.wikipedia.org/wiki/Deep_Blue_(chess_computer) e https://www.chess.com/news/view/google-s-alphazero-destroys-stockfish-in-100-game-match. Acesso em: 30 mar. 2023.

9.   Ver mais em: https://www.zdnet.com/article/deepminds-ai-is-helping-to-re-write-the-rules-of-the-chess/. Acesso em: 30 mar. 2023.

## Letramento digital

Um estudo conduzido pela Pew Internet Research em 2012 – *Millennials will benefit and suffer due to their hyperconnected lives* –[10] apontou a necessidade de educar os jovens para desenvolverem a **capacidade de distinguir entre o "barulho" e a mensagem** no mar de informação sempre crescente. Isso envolve competências fundamentais para pesquisa e validação da informação no ambiente digital, como a capacidade de **solucionar problemas** por meio de *crowdsourcing*, a capacidade de se **concentrar**, *digital literacy* (letramento digital) e a capacidade de **sintetização**.

Se analisarmos essas competências, verificaremos que todas se relacionam estruturalmente, de alguma forma, com o letramento digital, por isso, vamos discuti-lo mais detalhadamente a seguir.

Considerando-se que as tecnologias digitais têm se tornado cada vez mais intuitivas e simples, o aprendizado operacional para sua utilização básica ocorre de forma cada vez mais natural e espontânea. O **letramento digital**, no entanto, vai muito além disso, e consiste não apenas em saber operar o ambiente digital, os seus sistemas, buscadores, aplicativos ou conhecer os comandos de *login* e *logout* dos seus serviços, mas também, e principalmente, em **compreender o processo informacional mais complexo e interconectado por detrás desses sistemas** para conseguir obter o melhor resultado possível no seu uso. Isso só é possível por meio da **combinação de habilidades e conhecimentos técnicos do ambiente digital associada com o exercício da capacidade analítica e crítica em relação à informação**. Obviamente, pensamento crítico, capacidade de concentração e sintetização exercem papel relevante aqui e se complementam ao letramento digital.

Assim, a educação na Era Digital precisa focar menos na tecnologia em si e mais em desenvolver as capacidades analítica e crítica dos estudantes no uso da tecnologia para que consigam discernir sobre o que eles representam em nossas vidas, como nos afetam e como extrair conhecimento e inteligência do ambiente hiperinformacional, complexo e conectado que elas oferecem.

## Pesquisa e validação: navegando na complexidade da informação

Pesquisar é um processo importante para a aprendizagem, pois é por meio dele que se obtêm os recursos para fundamentar e construir conhecimento, reflexão, ideias. O processo de pesquisa, por sua vez, acontece em quatro etapas: objetivo, busca, avaliação e refinamento. A partir do objetivo, buscamos informações, que devemos avaliar (validando fontes e o quanto contribuem ou não para o nosso objetivo) e, finalmente, em função disso, refinar o processo, a partir do início, até que o resultado obtido seja satisfatório.

---

10. Fonte: *What is the likely future of Generation AO in 2020?* Disponível em: http://www.elon.edu/e-web/predictions/expertsurveys/2012survey/future_generation_AO_2020.xhtml. Acesso em: 30 mar. 2023.

Nesse sentido, o **ambiente digital** torna-se, ao mesmo tempo, um paraíso e um pesadelo para o processo de pesquisa. **Paraíso**, pois a sua natureza o torna o *habitat* ideal para a etapa de buscas: grande volume de informações, fontes variadas, velocidade de resposta, facilidade e disponibilidade de acesso, entre outras características.

**Pesadelo** porque as mesmas características que tornam o ambiente digital rico e acessível para a busca, também permitem que ele seja inundado por informações repetidas, irrelevantes, muitas vezes incorretas ou imprecisas, falsas, enviesadas etc., dificultando a etapa de análise para refinamento do processo.

A melhoria das tecnologias de produção e publicação propiciou uma proliferação de conteúdos que tanto enriquecem quanto empobrecem o ambiente informacional. **Pós-verdade**, *fake news*, **plágios**, falta de **referências**, **opiniões** disfarçadas de fatos, entre outros tipos de informação prejudicial e indesejada inundam a internet. Mais recentemente, a situação se agrava com a popularização de ferramentas de inteligência artificial, pois o desafio da validação se torna ainda maior com esses sistemas possibilitando a criação de *deepfakes*.[11]

Outro grande desafio da análise da informação é conseguir separar o que é apenas **popular** do que realmente tem **valor**, mesmo que não tenha alto grau de aceitação. Em outras palavras, o fato de milhares de pessoas comentarem ou gostarem de algo não valida a sua qualidade. Aliás, muito frequentemente, acontece o contrário. No entanto, o popular replica-se, tornando-se amplamente visível e, consequentemente, perceptível e fácil de encontrar, enquanto o que não é popular não se propaga, não aparece, e por isso, muitas vezes, se torna difícil de ser encontrado. Nesse sentido, o segredo está na capacidade de conseguir enxergar e avaliar o que é **massa crítica** e **massa crível**,[12] algo em que a utilização de tecnologia pode ajudar, se soubermos escolher e usar os sistemas corretos. Por exemplo, a Wikipédia pode ser editada por qualquer pessoa (massa crítica), mas ela é constantemente verificada por comitês voluntários de especialistas em cada tema (massa crível) que apontam discrepâncias e validam a qualidade das contribuições. Os algoritmos de serviços como Waze, TripAdvisor, Uber, Airbnb, Booking, entre inúmeros outros serviços digitais, usam sistemas de validação das contribuições, serviços

---

11. *Deepfakes* são criações em mídias digitais que geram conteúdos visuais de alta qualidade que parecem associados com a realidade, quando de fato não são. Normalmente são usados para substituir uma pessoa por outra em uma imagem ou vídeo ou para criar imagens, vídeos ou vozes gerando *fake news* ou conteúdos com intenções maliciosas, por exemplo, vingança e acesso a dados por autenticação por voz. Para saber mais sobre *deepfake* e as demais tecnologias que estão reestruturando o planeta e as tendências futuras, leia os livros *Você, Eu e os Robôs: como se transformar no profissional digital do futuro* e *Inteligência Artificial: do zero ao metaverso*.

12. O artigo *The rise of credible mass* (*A ascenção da massa crível*) faz uma separação interessante entre *critical mass* (massa crítica) e *credible mass* (massa crível). Disponível em: http://www.linkedin.com/today/post/article/20121127194205-4074853-the-rise-of-the-credible-mass. Acesso em: 30 mar. 2023.

e/ou comportamentos dos seus usuários para criar e destacar a massa crível – em outras palavras, quem tem mais avaliações com maior nota média, provavelmente oferece informação e/ou serviço mais confiável.

A **busca** *on-line*, por sua vez, também traz consigo impactos profundos para a educação, pois ela modifica a forma como fazemos pesquisa e adquirimos e processamos informações, com **consequências cognitivas**.

Se compararmos o processo de pesquisa de um estudante antes e depois da internet, as diferenças são enormes:

- **Quantidade**: quantas referências úteis uma pessoa consegue obter em uma tarde de pesquisa em uma biblioteca tradicional analógica? Três, quatro, meia dúzia talvez. Quantas referências conseguimos levantar em segundos fazendo uma busca *on-line*? Centenas, ou mesmo milhares.

- **Qualidade**: enquanto a pesquisa no passado acontecia em fontes pré-validadas de informação (livros, museus, enciclopédias etc.), a pesquisa no ambiente digital, não tem, *a priori*, validações de fontes, uma vez que informações valiosas estão disponíveis no meio de ruídos e conteúdos falsos, superficiais e sem validação. Obter informação tornou-se extremamente simples e fácil, mas obter informação de qualidade, no entanto, tornou-se um processo mais complexo e que requer habilidades mais sofisticadas de validação e análise da informação.

- **Processo cognitivo**: enquanto na pesquisa na biblioteca tradicional o processo condutor que desenvolve a busca está dentro de nossos cérebros, na busca *on-line* o processo é conduzido por computadores fora da nossa cabeça – transferimos para computadores uma parte do que fazíamos internamente, transformando o nosso cérebro.

- **Conveniência**: enquanto há algumas décadas precisávamos nos deslocar fisicamente para realizar uma pesquisa (buscar um livro, enciclopédia, ir à biblioteca, museus etc.), hoje a busca está a um clique de distância, onipresente. Isso indubitavelmente incentiva o comportamento de busca o tempo todo, ampliando o seu domínio.

Assim, em função da facilidade e conveniência de uso da busca *on-line* (sistemas buscadores, comparadores, mídias sociais, navegadores de trânsito[13] etc.) para obtermos informações o tempo todo e em qualquer lugar, ela passa a ser a forma predominante de pesquisa. Algumas consequências diretas disso que impactam a educação são:

- **Efeito filtro:** apesar de existir uma abundância de insumos informacionais nos ambientes digitais, os sistemas de busca atuam como **filtros** para acessar

---

13. Sistemas como Waze e Google Maps, por exemplo, são buscadores de rotas de navegação em função do destino informado (objetivo da busca), funcionando, portanto, como sistemas de busca cuja resposta é uma rota.

esses recursos, e o seu funcionamento pode contaminar o processo de pesquisa (efeito bolha, anúncios, objetivos e regras dos algoritmos – que mudam constantemente –, entre outros fatores). O processo automático de seleção de resultados dos algoritmos que regem esses sistemas muitas vezes pode distorcer o que buscamos ou não estar adequado às nossas necessidades.[14]

- **Vieses e manipulação algorítmica:** como discutido no início deste capítulo, ambientes não lineares, caóticos, são regidos por algoritmos, que geram resultados por meio de uma regra formadora que considera tanto as condições de início como as situações de contexto. No caso dos algoritmos digitais, características do usuário (preferências, idade, escolaridade, interesses etc.) e inúmeros fatores contextuais (dispositivo e local de acesso, objetivo etc.) contribuem para determinar o resultado obtido. Redes sociais, buscadores, serviços de navegação etc. são algoritmos com objetivos específicos de relacionamento, busca, obtenção de rotas etc. No entanto, algoritmos são sistemas que dependem tanto das suas regras formativas e das escolhas do programador para implementá-las, quanto dos dados usados no seu funcionamento. Nesse sentido, qualquer uma dessas dimensões – regras, programação ou dados – pode ser manipulada ou se tornar um instrumento inconsciente de manipulação. Por exemplo, o uso de dados enviesados em sistemas de busca gera resultados enviesados, como acontecia até recentemente com a busca por "garotas negras" ou "garotas asiáticas" no Google, o que resultava em imagens de macacos ou pornografia.[15] Já a manipulação algorítmica normalmente é feita de forma intencional, usando suas regras, programação ou dados para manipular o usuário, e não necessariamente servir os seus interesses. Para ilustrar como a manipulação ou enviesamentos acontecem por meio de algoritmos ou seus dados, recomendo três documentários: (1) *Coded bias*[16] (2020) – apresenta de forma didática a discussão sobre vieses e manipulações nos sistemas digitais que controlam cada vez mais as nossas vidas; (2) *Privacidade hackeada*[17] (2019) – discute o escândalo de uso indevido de dados pela Cambridge Analytica e mostra como os dados dão um poder enorme de manipulação a quem os possui; (3) *O dilema das redes*[18] (2020) – em formato misto entre documentário e drama, discute formas com que as redes sociais manipulam os usuários.

- **Viés cognitivo *Google Effect*:** com o crescimento do acesso digital, as pessoas começaram a não precisar mais memorizar informações, que passaram a ser

---

14. O TED Talks *Tenha cuidado com os "filtros-bolha" on-line* (2011) discute como o Google e o Facebook, por exemplo, criam filtros-bolha de informação, nos apresentando o que eles "pensam que queremos ver", mas nem sempre isso é o que precisamos realmente encontrar. O vídeo está disponível em: https://www.ted.com/talks/eli_pariser_beware_online_filter_bubbles?language=pt. Acesso em: 18 abr. 2023.

15. Ver mais em: https://libguides.scu.edu/c.php?g=887434&p=6378511. Acesso em: 30 mar. 2023.

16. Ver mais em: https://www.codedbias.com/. Acesso em: 30 mar. 2023.

17. Ver mais em: https://en.wikipedia.org/wiki/The_Great_Hack. Acesso em: 30 mar. 2023.

18. Ver mais em: https://en.wikipedia.org/wiki/The_Social_Dilemma. Acesso em: 30 mar. 2023.

obtidas facilmente por meio dos buscadores, especialmente o Google. Esse fenômeno de esquecer as informações que são facilmente obtidas na internet deu origem a um novo viés cognitivo, denominado *Google Effect*.[19] Esse viés reforça a necessidade da mudança na educação de "memorizar e repetir" para ensinar a "perguntar e analisar". As melhores respostas em qualquer busca computacional são resultados decorrentes das melhores perguntas.

- **Análise e validação da informação:** a conveniência de se pesquisar e obter respostas no ambiente *on-line*, que são abundantes, rápidas e facilmente copiadas e coladas, permite, por um lado, uma bricolagem fértil entre inúmeras fontes, o que tende a favorecer o processo criativo. No entanto, por outro lado, o processo de copiar-colar facilmente requer menor empenho cognitivo com o conteúdo do que ter que reescrevê-lo. Isso exige estratégias educacionais que incentivem e valorizem mais a análise crítica do resultado da pesquisa do que o resultado em si. Por isso, pensamento crítico lidera as habilidades necessárias na Era Digital.

- **Responsabilidade e ética**: a facilidade de copiar e colar respostas obtidas em uma busca *on-line* impacta também o comportamento de plágio e cola, ou seja, envolve questões legais e éticas, enfatizando novamente o papel cada vez mais crucial da educação para responsabilidade e ética.

## Considerações sobre plágio e cola no ambiente digital

**Plágio** é uma das atividades que está intrinsecamente ligada à ética (ou, mais precisamente, à falta dela) e é um assunto extremamente delicado no contexto digital. Segundo o dicionário Merriam-Webster,[20] a palavra **plágio** é um substantivo definido como: cometer roubo literário; apresentar como novo e original uma ideia ou produto derivado de uma fonte existente. O verbo plagiar é definido como: **roubar e compartilhar ideias ou trabalhos de outros como se fossem seus**; usar a produção de outro sem creditar a fonte.

No entanto, é importante não confundir plágio com cópia referenciada e construção do conhecimento baseado em utilização, transformação e combinação de conteúdos existentes. Plágio é roubo, mas a **utilização de conteúdos referenciados é colaboração**. Desde o início da história da humanidade, o conhecimento é construído coletivamente e depende das descobertas e criações dos outros. Portanto, usar o conhecimento do outro de forma colaborativa, dando crédito, não apenas é ético com também é o fundamento principal da construção do conhecimento. Além disso, uma coisa é usar o conhecimento e o trabalho do outro como base para inovar

---

19. Mais informações sobre *Google Effect* podem ser obtidas em: http://www.sciencemag.org/content/333/6043/776.abstract e http://en.wikipedia.org/wiki/Google_effect. Disponível em: http://www.youtube.com/watch?v=7R2jE7VAzC8. Acesso em: 30 mar. 2023.

20. Fonte: http://www.merriam-webster.com/dictionary/plagiarize. Acesso em: 30 mar. 2023.

e criar algo novo ou como parte de algo maior (como Henry Ford fez para inventar o carro – usou diversas invenções anteriores, juntando-as todas para criar o carro); outra coisa é usar integralmente o trabalho de outro indivíduo como se fosse seu, sem nada acrescentar.

Além de antiético, o plágio é prejudicial para a educação, pois apropriar-se do trabalho de outrem, sem tê-lo realizado, faz com que as **etapas de experimentação e reflexão com o tema sejam suprimidas e, portanto, prejudiquem o aprendizado**. E esse efeito é mais intenso quando o plágio é digital. Em um ambiente analógico, seria necessário, no mínimo, que o estudante copiasse o conteúdo na íntegra, o que exigiria dele, pelo menos, leitura e reescrita do conteúdo – e isso, em algum grau, poderia funcionar como estudo, pois criaria a possibilidade de refletir ou absorver parte das informações plagiadas. Com o digital, copiar e colar são atividades feitas pelo computador, e assim, muito frequentemente, os conteúdos são copiados sem qualquer reflexão ou absorção por parte de quem está plagiando.

O ambiente digital facilita o plágio por conta da rapidez e da simplicidade que o digital oferece para copiar e colar, com os populares comandos "Ctrl+C/Ctrl+V". O impacto do digital no aumento do plágio já era apontado em 2011 na pesquisa *The digital revolution and higher education*, da Pew Internet Research,[21] em que 55% dos entrevistados (presidentes de universidades) declaravam que o plágio havia crescido durante os 10 anos anteriores, e a grande maioria deles (89%) acreditava que o computador e a internet tinham papel central nesse crescimento. Essa premissa é confirmada pela pesquisa *Plágio e trapaças entre estudantes universitários*,[22] realizada em 2021, pela Fixgerald.com, em que quase 58% dos estudantes respondentes declararam trapacear mais *on-line*, como pode ser visto na Figura 5.6.

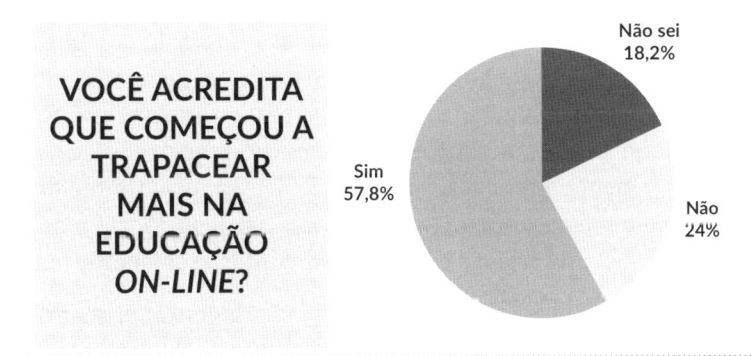

**Figura 5.6 –** Gráfico que mostra o aumento do comportamento de plágio intencional em ambientes *on-line*. Adaptado de: https://fixgerald.com/blog/cheating-and-plagiarism-statistic. Acesso em: 30 mar. 2023.

---

21. Pesquisa completa disponível em: http://www.pewsocialtrends.org/files/2011/08/online-learning.pdf. Acesso em: 30 mar. 2023.

22. Ver mais em: https://fixgerald.com/blog/cheating-and-plagiarism-statistic. Acesso em: 30 mar. 2023.

Além do plágio, outras formas de trapaça *on-line* incluem: o uso de material não autorizado em testes, cola, atuar em grupo em trabalhos individuais, suborno, entre outros. Uma nova vertente de trapaça surge como um misto entre cola e plágio decorrente do uso das ferramentas de IA generativa, como o ChatGPT – se os conteúdos gerados pela IA forem considerados autorais, a sua cópia e utilização sem creditar é plágio; caso não sejam considerados autorais, a sua cópia é cola.

É importante observar, no entanto, que ao mesmo tempo que as tecnologias digitais facilitam o plágio, elas também facilitam a verificação contra o plágio. Se no passado essa verificação dependia da perspicácia do professor e do seu repertório de conteúdos, hoje existem diversas ferramentas para verificar se um conteúdo é original ou não, inclusive para checar a probabilidade de o conteúdo ter sido gerado por uma ferramenta de IA.[23]

Se o plágio está crescendo e é prejudicial ao processo de aprendizagem, o grande desafio na educação com relação a isso é conseguir reverter o processo, diminuindo o plágio e transformando-o em pesquisa referenciada como fonte de construção do conhecimento. Nesse sentido, as **ferramentas de verificação de plágio não devem ser usadas como instrumentos de punição**, mas como *feedback* para educação dos estudantes. Quando um plágio é detectado, o mais importante é mostrá-lo ao estudante, explicando por que aquilo é plágio, e instruí-lo sobre como usar aquele material referenciado corretamente de modo a oferecer uma reflexão sobre novas formas de criar com conteúdos preexistentes. Na base de tudo isso está a necessidade de se ensinar, desde a pré-escola, como usar conteúdos existentes na internet de forma ética e criativa, como fazer citações e como publicar com instruções de direito de compartilhamento, como as licenças **Creative Commons**.

Nesse sentido, um dos principais problemas na raiz do comportamento de plágio é justamente a falta de educação. As pessoas, em geral, não sabem que os conteúdos da internet não podem ser usados livremente sem referência e descuidam do fato de que isso se constitui em ato de plágio, o que as coloca em situação de riscos legais,[24] além de ferir a sua reputação. Dessa forma, **o melhor antídoto contra o plágio é a educação**, que deve começar nas mais tenras idades, a partir do momento em que uma criança começa a ter contato com a internet.

Desse modo, a utilização e a combinação de conteúdos na Era Digital merece discussão mais ampla – estamos vivendo em um ambiente mais fluido e interpenetrado, no qual as barreiras entre todas as coisas estão se diluindo, principalmente quando essas coisas são digitais. Nesse contexto, surgem novas

---

23. Alguns exemplos de ferramentas de detecção de plágio: https://www.scribbr.com/plagiarism/best-plagiarism-checker/ e https://beebom.com/best-ai-plagiarism-checkers/. Acesso em: 30 mar. 2023.
24. No Brasil, as multas de roubo e utilização não autorizada de conteúdos podem chegar a 3 mil vezes o valor do conteúdo copiado.

*nuances* de conteúdos e modos de fazer, e, assim, precisamos repensar os processos e seus significados para eventualmente desenvolver modos novos de agir e legislar, criando, quando necessário, novas categorias de leis que sejam adequadas.

 ## Avaliações: cola *versus* consulta

Tradicionalmente, a cola é uma consulta não autorizada que acontece durante uma prova ou teste. Assim, em sua essência, a cola é uma atitude desonesta, uma trapaça.

No entanto, será que faz sentido não autorizar consulta em provas em testes? Será que elas não deveriam ser incentivadas a consultar diversas fontes e colaborar com outras pessoas? O foco da avaliação não deveria se voltar para a análise crítica das informações e não a sua repetição nas respostas? Em função das transformações que temos experimentado no ambiente informacional – totalmente conectado e em que a informação é amplamente disponível a todos, o tempo todo –, sabemos que a memorização e a repetição de informações não faz mais sentido, e que o foco da educação deve ser em ensinar a pensar crítica e eticamente. Portanto, se a resposta a uma pergunta puder ser colada, a pergunta está errada.

Desse modo, as avaliações deveriam ter como foco testar a capacidade que o estudante tem de refletir e CONECTAR informações para solucionar problemas de forma criativa, permitindo o acesso e a consulta a TUDO o que está disponível para que o aluno possa realizar a sua reflexão e formar seu pensamento crítico.

Se, por um lado, o plágio traz efeitos prejudiciais à educação, como discutido anteriormente, por outro, a consulta sempre traz benefícios e deveria ser autorizada e incentivada em todos os contextos educacionais, da mesma forma que é utilizada na vida. Se a função da educação é preparar o indivíduo ético e criador para a vida, a escola precisa oferecer os mesmos desafios e a mesma estrutura que os estudantes encontrarão no mundo. Portanto, a estrutura que propicia a cola não faz mais sentido no contexto atual, pois as avaliações deveriam focar em testar capacidades que vão além da memorização e repetição da informação.

# CAPÍTULO 6

# DESAFIOS DIGITAIS NA EDUCAÇÃO

*"O obstáculo é o caminho."*
Provérbio Zen

Transformação é um processo de mudança que envolve necessariamente se adaptar a um estado diferente, e essa jornada normalmente apresenta tanto oportunidades quanto desafios. Quanto maior a transformação, maiores tendem a ser os desafios.

No Capítulo 5, discutimos as estratégias para realizar a transformação digital na educação para nos adaptarmos ao contexto sociotecnológico que se instaura em ritmo acelerado. Neste capítulo, nosso foco é avaliar os novos desafios na educação e aqueles que se intensificaram em função do avanço das tecnologias digitais. Vamos a eles.

## Poder e responsabilidade

Indubitavelmente, as tecnologias digitais, especialmente as redes sociais *on-line*, causaram a **ampliação do ambiente informacional**. Por um lado, isso traz benefícios e oportunidades inéditas tanto para a educação e a aprendizagem quanto para a humanidade, como discutido anteriormente ao longo deste livro. No entanto, isso vem acompanhado também de **ampliação dos impactos que os indivíduos** exercem no mundo, e que, assim, precisam ser considerados na educação:

**Aumento do tamanho das redes**: quanto maiores as redes de relacionamento, mais indivíduos podem ser impactados pelas ações individuais de qualquer um deles.

**Aumento da densidade das redes**: conforme a conexão entre as pessoas aumenta, mais próximas elas se tornam umas das outras. No século XX, em virtude do avanço das tecnologias de comunicação e informação, já aconteceu um aumento de densidade do mundo, resultando na Teoria dos Seis Graus de Separação[1] (ou Small World). Estudos do Facebook mostram que os graus de separação estão diminuindo à medida que as conexões aumentam:[2] em 2008, eram cinco graus de separação; em 2011, já eram quatro. Assim, quanto maior a densidade da rede (mais próximas as pessoas estão), maior a probabilidade de que um ato de um indivíduo impacte outros.

**Aumento da velocidade**: a melhoria na qualidade das conexões, somada ao aumento do tamanho e da densidade das redes de relacionamentos, faz com que a velocidade de propagação da informação seja muito maior do que qualquer outro período na história. Isso tende a aumentar o alcance da ação de um indivíduo na rede.

**Aumento da conveniência**: a partir das redes sociais *on-line*, a facilidade de publicar qualquer informação aumentou consideravelmente. Assim, quanto maior a conveniência, maior a tentação de "falar sem pensar" ou postar informação sem validar, e isso, por sua vez, aumenta a probabilidade de publicação de informações não verídicas ou antiéticas.

**Ausência de contexto**: as tecnologias digitais favorecem a criação e a propagação de conteúdos, mas não são tão eficientes em sincronizar contextos. Em uma rede de relacionamentos, os conteúdos publicados pelos indivíduos são oriundos de contextos distintos, que se perdem conforme se propagam para outros contextos no ciberespaço. No entanto, sem contexto, o conteúdo fica deslocado e aberto a diversas interpretações: **texto sem contexto é pretexto** aberto para qualquer entendimento. Por exemplo, um casamento entre dois atores (conteúdo) em uma novela (contexto) é totalmente distinto do casamento entre dois atores (conteúdo) na vida real (contexto). Sem conhecer esse contexto de ficção, se um dos atores já

---

1. A Teoria dos Seis Graus de Separação surgiu no século XX e sugere que são necessários no máximo seis laços de amizade para que duas pessoas quaisquer no mundo estejam ligadas. Mais informações em: http://pt.wikipedia.org/wiki/Teoria_dos_seis_graus_de_separa%C3%A7%C3%A3o. Acesso em: 30 mar. 2023.
2. Fonte: *Facebook cuts six degrees of separation to four*. Disponível em: http://www.telegraph.co.uk/technology/facebook/8906693/Facebook-cuts-six-degrees-of-separation-to-four.html. Acesso em: 30 mar. 2023.

for casado, o fato de casar novamente poderia parecer uma ação antiética e ilegal. Assim, esse descompasso entre conteúdo e contexto, característico dos ambientes digitais, aumenta e abre espaço para possibilidades de interpretações equivocadas, mal-intencionadas ou mesmo antiéticas.

**Permanência da informação**: até recentemente, a maior parte da informação no mundo era efêmera e esquecida rapidamente. Hoje, a maior parte das informações tende a se tornar permanente no ambiente digital, para sempre. Dessa forma, quaisquer atos, bons ou ruins, tendem a ser registrados e não mais esquecidos. Isso faz com que quaisquer ações ruins, mesmo que pontuais e perdoadas no passado, jamais sejam esquecidas, criando um impacto permanente, e muitas vezes injusto, ao longo do tempo.

Em outras palavras, a **visibilidade**, a **velocidade**, o **poder** e a **permanência** das **nossas ações** são **potencializados** no/pelo ambiente digital, e isso aumenta também o **poder de impacto** de cada indivíduo no mundo.

Isso importa, e muito, porque todo e qualquer aumento de poder deve vir acompanhado de **responsabilidade**, pois, **querendo ou não, somos responsáveis pelos impactos que causamos** – nos outros, no ambiente e em nós mesmos. O grande desafio da educação é justamente educar para o aumento de responsabilidade conforme o poder aumenta com o digital.

**Poder fazer** algo não significa necessariamente que esse algo deva ser feito (responsabilidade). Apesar disso, infelizmente, muitos confundem o conceito de poder fazer (liberdade para fazer) com o de libertinagem. Liberdade não é poder fazer tudo o que se **quer**, e sim poder fazer tudo o que se **deve**. Por isso, a liberdade é a condição que mais revela uma pessoa.

> *"Não há nada que melhor defina uma pessoa*
> *do que aquilo que ela faz quando tem toda a liberdade de escolha."*
> William M. Bulger

Nesse sentido, uma das dimensões de liberdade mais celebradas com as transformações do ambiente informacional é que o digital deu **voz** aos indivíduos – diferentemente do contexto anterior, hoje, qualquer ser humano pode, virtualmente, falar o que quiser e de diversas maneiras. Em outras palavras, as **tecnologias digitais deram vazão à liberdade de expressão**.

No entanto, se a liberdade de expressão não for exercida com responsabilidade, os seus impactos podem ser devastadores. Liberdade de expressão nos ambientes digitais não deve ser confundida com liberdade de agressão. Não devemos agredir verbalmente, mesmo que a tecnologia nos dê mais e melhores meios para podermos fazê-lo. Além disso, a **liberdade de expressão** é provavelmente a que mais **revela a pessoa** que a usa – seus pensamentos, seu caráter, suas atitudes, sua educação, seu coração –, e isso constrói a sua **reputação**. Considerando o alcance (escalado pela rede digital) e a permanência (continuam a existir e se propagar depois de faladas) muito maior das falas digitais, os seus impactos, consequentemente, também tendem a ser muito maiores.

Assim, o fato de as pessoas terem ganhado voz é **perigoso** se elas não aprenderem a se expressar com responsabilidade. É preciso aprender a usar a liberdade de expressão. É preciso **educar para usar a liberdade de expressão**. A palavra tem poder tanto para construir como para destruir. O famoso texto *As três peneiras*, atribuído a Sócrates, recomenda que qualquer assunto, antes de ser falado, deva passar pelas peneiras (filtros) da verdade, da bondade e da necessidade. Talvez as duas últimas peneiras (bondade e necessidade) estejam sujeitas ao entendimento de cada coração e de cada mente. No entanto, a primeira peneira não é a primeira à toa – a verdade é responsabilidade da liberdade de expressão. Ela não apenas está sujeita à lei, mas também, e acima de tudo, à ética.

Talvez a dimensão mais perigosa e mal utilizada da liberdade de expressão seja a **crítica**. No paradigma pré-internet, era muito mais difícil criticar algo abertamente – os meios e recursos eram limitados, pois apenas alguns tinham voz e o poder de falar, como jornalistas, por exemplo. Já no paradigma digital, todo mundo pode criticar, quando, onde e como quiser. No entanto, a crítica pode ser tanto um instrumento poderoso para melhorar a sociedade quanto se tornar uma arma avassaladora quando exercida sem responsabilidade. É fundamental educar para criticar.

A outra face da moeda da **ampliação do ambiente informacional** na internet, que nem sempre recebe a devida atenção, é o "ouvir". Se, por um lado, quem tem voz precisa falar com responsabilidade, por outro, quem "escuta" também precisa aprender a **ouvir com responsabilidade**: afinar os "ouvidos" para selecionar e validar a informação, saber a quem ouvir e como ouvir – com ética também. Em outras palavras, a liberdade de receber e acessar informação nos/pelos ambientes digitais também ampliou o nosso poder de ouvir, e esse poder deve ser exercido com responsabilidade. "Ouvir" pode ser tão perigoso quanto falar, pois a análise e a interpretação têm tanto poder de construir ou destruir quanto a fala.

Aprender a falar e a ouvir com responsabilidade são competências intimamente relacionadas com **pensamento crítico**, **sustentabilidade** e **ética**, reforçando mais uma vez a necessidade de a educação na Era Digital desenvolver esses tipos de competências.

Apesar de a ética ser a fundação da sustentabilidade, infelizmente a educação de ética, com raras exceções, ainda traz apenas teorias e é abordada de forma desinteressante. O resultado disso é que muito poucas pessoas crescem sabendo o que realmente é ética. Soma-se a isso a tendência de os pais terem menos tempo com os filhos, comprometendo a educação da ética no ambiente familiar, já que a educação ética deve começar em casa, no berço. As implicações disso são que muitas vezes os estudantes (e mesmo os adultos) são antiéticos não por maldade, mas por falta de formação. Costumo perguntar às pessoas se elas sabem o que é ética, etiqueta e moral e raramente alguém responde.

Assim, deve-se priorizar o ensino de ética e moral de modo interessante, envolvendo questionamentos práticos do cotidiano, inserido na experiência pessoal, para engajar os estudantes. Iniciativas nesse sentido têm surgido mais recentemente, como as aulas de filosofia, ética e moral do prof. Michael Sandel, em Harvard, ou a forma leve com que muitos filósofos hoje têm abordado o assunto em palestras e livros, como os brasileiros Mario Sergio Cortella, Luiz Felipe Pondé, Clóvis de Barros Filho. Isso é excelente, mas não é suficiente – esse tipo de abordagem leve e prática precisa ser introduzido como prática regular na educação de ética nas escolas. Com o avanço do **aumento de poder que as tecnologias digitais trazem**, a **ética precisa avançar da teoria para a prática**.

## Cyber-trolling e Cyberbullying

Na área de relacionamentos humanos, existem alguns comportamentos antiéticos e indesejados que, apesar de antigos, tornam-se mais graves hoje, pois foram potencializados pelos ambientes digitais. Dois desses comportamentos são particularmente importantes aqui, pois normalmente estão presentes nos ambientes educacionais: *trolling* e *bullying*.

É interessante destacar que os alvos de *trolling* e *bullying* não são apenas estudantes, mas podem ser também professores ou quaisquer profissionais envolvidos no processo educacional.

### Cyber-trolling

O termo **troll** remonta ao folclore escandinavo, em que eram descritos como criaturas antropomórficas que viviam em cavernas ou grutas subterrâneas, consideradas não inteligentes e extremamente antissociais. Mais recentemente, o termo foi surgindo também em literatura, histórias em quadrinhos, jogos e, finalmente, na internet,[3] onde adquire um significado mais específico: *troll* é o indivíduo que se comporta de forma a **desestabilizar** um ambiente, **testando a ruptura da etiqueta** por meio de **provocações insistentes** com intuito de causar **conflitos**. Na internet, o *troll* também é comumente chamado *cyber-troll* e os seus atos, *cyber-trolling*.

Apesar de o termo *cyber-troll* ser relativamente novo, o comportamento que ele descreve é bastante antigo, muito anterior à internet. Nas salas de aula tradicionais é muito comum encontrar algum estudante que se comporte como *troll*, apresentando constante atitude desafiadora com o objetivo de desestabilizar o ambiente. Professores experientes normalmente neutralizam o comportamento de um *troll* por meio da sua *expertise* nos assuntos que abordam e suas habilidades de relacionamento, não aceitando provocações, ou seja, não alimentando o *troll*.

---

3. Para ver os diversos usos do termo **troll**, acesse: http://en.wikipedia.org/wiki/Troll_(disambiguation). Acesso em: 30 mar. 2023.

No entanto, a internet amplia o alcance do *troll* e dificulta as ações para neutralizá-lo. Por exemplo, enquanto na sala de aula presencial é muito difícil para um *troll* camuflar a sua identidade, no ambiente digital a possibilidade do anonimato pode desinibir sua atuação, inclusive para fazer provocações mais acentuadas. Além disso, o mundo digital apresenta uma quantidade muito maior de ambientes para o *troll* atuar do que apenas na sala de aula presencial. As provocações podem continuar por meio de salas virtuais, fóruns *on-line* ou qualquer *site* de redes sociais, e em vários deles simultaneamente, podendo atingir as pessoas-alvo da trollagem até mesmo em seus ambientes domésticos.

O estudo *Trolling in asynchronous computer-mediated communication*,[4] realizado por Claire Hardaker na University of Central Lancashire, define o *troll* de internet como

*aquele que constrói uma identidade de sinceramente desejar participar de um determinado grupo, incluindo professar ou transmitir pseudossinceras intenções, mas cujas reais intenções são causar disrupção e/ou engatilhar ou exagerar conflitos com o propósito de se divertir.*

Em função do tipo de interação que acontece com o grupo de usuários do ambiente, o estudo aponta também os padrões comportamentais dos *trolls*. Eles podem se tornar:

- **Frustrados**: quando os usuários interpretam corretamente a sua intenção de trolar,[5] mas não se sentem provocados a responder.
- **Desencorajados**: quando os usuários interpretam corretamente a sua intenção de trolar, mas combatem de modo que cerceie ou neutralize o sucesso do *troll*.
- **Fracassados**: quando os usuários não interpretam corretamente a intenção de trolar e não se sentem provocados pelo *troll*.
- **Vencedores**: quando os usuários são enganados e acreditam nas falsas intenções do *troll* e são provocados a responder sinceramente.

No entanto, o grande desafio em relação aos *trolls* é que, apesar de o seu comportamento poder ser extremamente antiético – pois o foco é causar danos a outrem para alcançar algum interesse próprio –, **normalmente o *troll* não age fora da lei**, ele pode incomodar, e muito, mas não se enquadrar em atitudes ilegais ou fora do regulamento. Portanto, as capacidades necessárias para se lidar com *trolls* e neutralizá-los estão na esfera das habilidades de relacionamento humano e conhecimento sobre o seu comportamento. Quando tal comportamento extrapola esse limite, e torna-se ilegal, ele passa a ser conhecido como ***bullying***.

---

4. Fonte: Time News Feed. Disponível em: http://newsfeed.time.com/2011/06/16/internet-trolls-get-analyzed-by-a-new-study-though-theyll-probably-say-its-wrong/. Acesso em: 30 mar. 2023.
5. Trolar está sendo usado aqui como tradução livre de *trolling*, que é o ato de praticar um comportamento *troll*.

## Cyberbullying

Da mesma forma que o comportamento *troll* não é novidade, o *bullying* também já existia na era pré-digital e sempre foi um problema grave. No entanto, enquanto o comportamento *troll* gera prejuízos que normalmente não ferem a lei, os atos de *bullying*, por outro lado, **geram danos contra terceiros**, que são **ilegais e passíveis de reparação**,[6] mesmo quando praticados por menores.[7]

O termo *bullying*[8] significa o **uso de força ou coerção para abusar ou intimidar** outros, de forma **intencional e repetida**, e consiste em três formas básicas de agressão: **emocional**, **verbal** e **física**.

A **cultura de *bullying*** pode se desenvolver em qualquer contexto em que os seres humanos interajam uns com os outros, incluindo escolas, igrejas, famílias, ambientes de trabalho, casa e vizinhança, e, logicamente, nos ambientes digitais. No entanto, nem todo lugar é impactado da mesma forma – a cultura do *bullying* varia ao redor do planeta, como mostra a Figura 6.1, que mapeia as denúncias de *bullying* realizadas por crianças.

**DENÚNCIAS DE CRIANÇAS REPORTANDO *BULLYING* (2015)**
Porcentagem de crianças entre 13 e 15 anos que reportaram que sofreram *bullying* pelo menos uma vez nos meses anteriores.

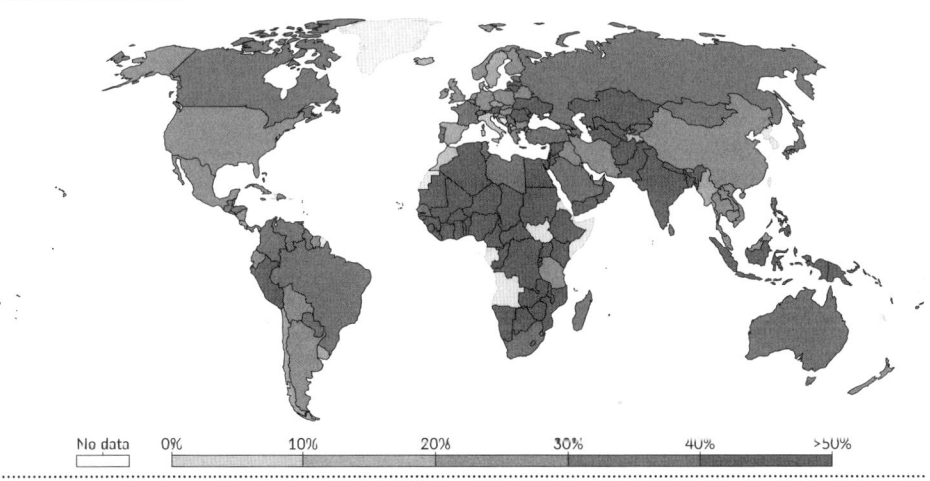

No data   0%        10%        20%        30%        40%        >50%

**Figura 6.1** – Imagem que mostra a quantidade de denúncias do *bullying* reportada por crianças, por país, em 2015. Fonte: https://en.wikipedia.org/wiki/Bullying#/media/File:Share_of_children_who_report_being_bullied,_OWID.svg. Acesso em: 30 mar. 2023.

---

6.  Artigos 186, 187 e 927 do Código Civil Brasileiro. Disponível em: http://www.planalto.gov.br/ccivil_03/leis/2002/L10406.htm. Acesso em: 30 mar. 2023.

7.  Artigo 932, inciso II, do Código Civil Brasileiro. Disponível em: http://www.planalto.gov.br/ccivil_03/leis/2002/L10406.htm. Acesso em: 30 mar. 2023.

8.  Mais informações em: http://en.wikipedia.org/wiki/Bullying. Acesso em: 11 mar. 2013.

Em um estudo publicado na *JAMA Psychiatry*, pesquisadores declararam que o *bullying* pode ter **sérias consequências no desenvolvimento da infância** e não deveria ser considerado um simples rito de passagem.[9] Todos os grupos examinados no estudo apresentaram algum efeito psiquiátrico na vida adulta, na forma de ansiedade, depressão, comportamento antissocial ou algum tipo de abuso de álcool ou drogas. Além disso, não são apenas as **vítimas** de *bullying* que sofrem consequências de longo prazo, mas os **agressores** também, apesar de os efeitos serem bastante distintos: nas vítimas, os problemas estão relacionados com as suas funções emocionais, ao passo que nos agressores estão ligados a patologias de personalidade antissocial associadas a comportamento criminal.

O grande **desafio** para combater o *bullying* vai além da **dificuldade em ser percebido** por professores e pais (embora isso seja um agravante importante): consiste em **saber diferenciar entre *bullying* e problemas normais de relacionamento entre pares**, que devem ser enfrentados e solucionados pelos jovens como parte do seu desenvolvimento saudável e formação de caráter. Por causa disso, muitas vezes **a questão não é tratada com o cuidado** que merece.

Para entender como o processo de *bullying* acontece em um mundo paralelo e sobreposto à escola, afetando consideravelmente a vida das vítimas e suas famílias, recomendo o documentário *The bully project* (2011) (Figura 6.2), que apresenta vários casos reais de *bullying* entre estudantes nos Estados Unidos.

**Figura 6.2 –** Imagem do *trailler* do documentário *The bully project*, legendado. Disponível por meio do QR Code ao lado da imagem ou em: http://youtu.be/jYLSxH85BUg. Acesso em: 30 mar. 2023.

Outra iniciativa que nos ajuda a explorar o impacto profundo e durador que o *bullying* causa nos indivíduos é o movimento *To this day* – cujos criadores promovem eventos em escolas pelos Estados Unidos e mantêm um *site* em que o foco principal

---

9. Fonte: *Lasting Legacy of Childhood Bullying: Psychiatric Problems In Adulthood.* Disponível em: http://healthland.time.com/2013/02/21/lasting-legacy-of-childhood-bullying-psychiatric-problems-in-adulthood/. Acesso em: 11 mar. 2013.

é mostrar os impactos do *bullying* ao longo de toda a vida da vítima. A animação de sete minutos produzida por eles para criar conscientização sobre isso pode ser acessada por meio do QR Code ao lado da Figura 6.3.

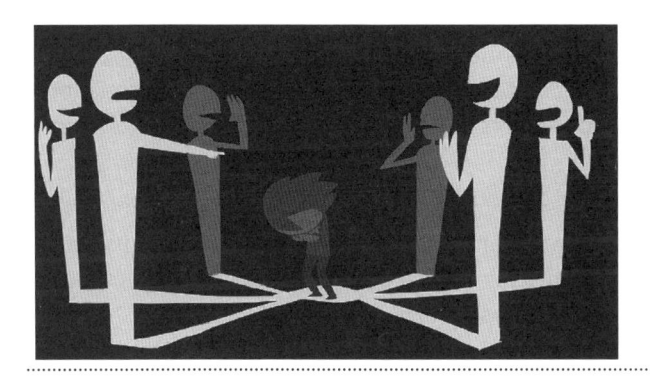  

**Figura 6.3 –** Imagem do vídeo da animação *To this day*. Disponível por meio do QR Code ao lado da imagem ou em: http://vimeo.com/59956490. Acesso em: 30 mar. 2023.

O comportamento de *bullying* por meio digital é denominado *cyberbullying* e, nesse contexto, se amplifica, pois o digital oferece maior alcance e duração dos ataques. Isso torna o *bullying* algo ainda mais complexo, pois apesar de o *cyberbullying* não envolver ataques físicos, ele pode ser tão letal quanto o *bullying* corporal. Em 2006, a adolescente Megan Taylor Meier cometeu suicídio, o qual foi atribuído ao *cyberbullying* sofrido por meio do *site* de redes sociais MySpace.[10] Além disso, como o *cyberbullying* pode acontecer em qualquer tempo, lugar e nos mais diversos meios, simultânea e continuamente, ele pode amplificar a intensidade do ataque psicológico, não permitindo intervalos suficientes entre os ataques para que ocorra a recuperação e reestruturação da vítima. Outro ponto importante é que um conteúdo postado na internet pode nunca mais desaparecer, tornando-se disponível para sempre, configurando-se, assim, um prejuízo permanente. Em suma, enquanto o *bullying* presencial requer horário e local para acontecer, o *cyberbullying* pode invadir todos os momentos e locais da vida da vítima, e pode assumir várias formas, como:

- **Envio de mensagens cruéis ou de amcaça** para alguém por *e-mail* ou telefone celular.
- **Disseminação de rumorcs cruéis** *on-line* sobre alguém – por meio de *posts* em mídias sociais, *sites*, mensagens de *e-mail* etc.
- **Disseminação de conteúdos** (fotos, informações íntimas ou sexuais, dados privados etc.) *on-line* sobre alguém – por meio de *posts* em mídias sociais, *sites*, mensagens de *e-mail* etc.

---

10.  Fonte: http://en.wikipedia.org/wiki/Suicide_of_Megan_Meier. Acesso em: 11 mar. 2013.

- **Invasão de conta *on-line*** (mídias sociais, *e-mail* etc.) de alguém e usar essa conta para postar mensagens prejudiciais se passando por ela.
- **Simulação da identidade de outra pessoa *on-line*** para ferir ou prejudicar alguém.

Em 2012, de acordo com um levantamento de dados feito pela McAfee,[11] aproximadamente 67% dos adolescentes entrevistados testemunharam comportamentos cruéis *on-line*, sendo que apenas 10% dos pais sabiam que seus filhos eram vítimas de *cyberbullying*.

Em 2022, um estudo da Extra Inning Softball[12] mostra o agravamento da situação: 87% dos entrevistados reportaram terem testemunhado *cyberbullying* e 60% declararam que já sofreram *bullying on-line*. Inúmeras são as consequências disso, mapeadas no estudo, apresentadas na Figura 6.4.

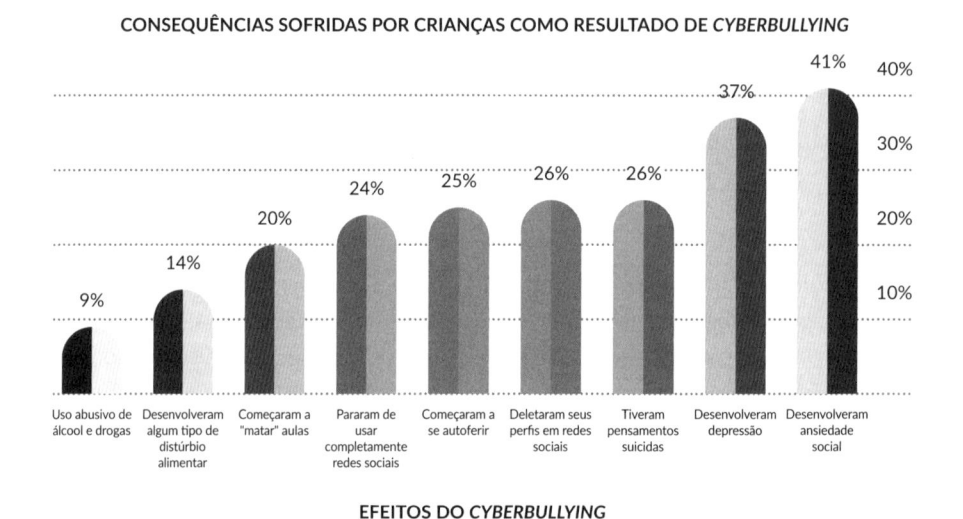

**CONSEQUÊNCIAS SOFRIDAS POR CRIANÇAS COMO RESULTADO DE *CYBERBULLYING***

**EFEITOS DO *CYBERBULLYING***

**Figura 6.4 –** Gráfico mostrando o mapeamento dos efeitos do *cyberbullying* nas crianças. Adaptado de: https://extrainningsoftball.com/topical-issue-all-the-latest-cyber-bullying-statistics-and-what-they-mean-in-2022/. Acesso em: 30 mar. 2023.

Essas estatísticas mostram a necessidade de desenvolvimento de políticas *antibullying* nas escolas, incluindo ações que foquem também no *cyberbullying*. Nesse sentido, a melhor maneira de diminuir as taxas de *bullying* é por meio da **educação preventiva** e do estabelecimento de **políticas para detectar o problema e lidar com ele** quando acontece.

11. Fonte: *Cyberbullying nas redes sociais*. Disponível em: http://nosdacomunicacao.com.br/conhecimento_pesquisa_int.asp?pesquisa=690&tipo=NM; e *Why you should talk to kids about cyberbullying*. Disponível em: http://mashable.com/2012/08/23/children-cyberbullying/. Acesso em: 30 mar. 2023.

12. Ver mais em: https://extrainningsoftball.com/topical-issue-all-the-latest-cyber-bullying-statistics-and-what-they-mean-in-2022/. Acesso em: 30 mar. 2023.

Algumas das ações educativas que podem ajudar na redução do *cyber-bullying* são:

- **Educar os jovens sobre** *cyberbullying*, explicando que é errado, antiético e que pode trazer consequências graves.
- **Encorajar os jovens a contarem para um adulto** se o *cyberbullying* estiver acontecendo, assegurando que, se forem vítimas, não é culpa deles e que não serão punidos por revelarem o fato.
- **Instruir os jovens a guardar as mensagens** de *cyberbullying* como prova de que está acontecendo.
- **Educar os jovens sobre segurança da informação** – senhas, endereços de contas, contatos, privacidade etc. – e orientá-los a não deixar os seus computadores e dispositivos móveis (celulares e *tablets*) acessíveis em locais em que outras pessoas possam usá-los.
- **Educar os jovens sobre riscos pessoais** decorrentes do compartilhamento de informações *on-line*.

Portanto, o letramento digital de jovens, pais e professores, associado à educação e políticas sobre o assunto são os melhores instrumentos para prevenirem o *cyberbullying*.

## Cibersegurança

Um dos principais efeitos colaterais da digitalização do mundo é a vulnerabilidade que ela cria, que muitas vezes passa despercebida pelas pessoas. A cada ponto adicional de conexão digital que entra em nossas vidas, criamos uma nova porta de acesso para invasões e ataques cibernéticos.

As conexões digitais estão para a nossa casa digital como as portas e janelas estão para a nossa casa física. Portas e janelas são estruturas fundamentais para que o nosso corpo físico possa transitar entre o nosso ambiente privado (casa física) e o mundo exterior – sem elas, não podemos sair e voltar. No entanto, as portas e as janelas tornam-se também os pontos de maior vulnerabilidade das nossas casas, e normalmente são por onde ocorrem os ataques e as invasões de criminosos. As conexões digitais funcionam da mesma forma – elas nos dão acesso para o mundo digital exterior, mas também se tornam pontos de vulnerabilidade para ataques e invasões digitais.

No entanto, enquanto as portas e as janelas físicas são visíveis e fazem barulho quando são atacadas, os ataques e as invasões digitais são invisíveis e silenciosos, tornando-se, muitas vezes, imperceptíveis. Além disso, no mundo físico, a instalação de portas e janelas não é uma atividade frequente e precisa da nossa atuação ou anuência explícita para que ocorra. Já no mundo digital, fazemos isso o tempo todo, e, muitas vezes, essas instalações são realizadas automaticamente por sistemas, sem que estejamos envolvidos diretamente na sua execução.

Assim, no mundo digital, além de termos uma quantidade muito maior de portas e janelas, muitas vezes nem sabemos que elas existem, não controlamos diretamente o seu funcionamento e não conseguimos monitorá-las facilmente. Isso tudo torna a **segurança digital** muito mais **complexa e desafiadora** do que a segurança física.

Por outro lado, os ataques e as invasões digitais podem causar tanto ou mais estrago do que os físicos, pois enquanto os ataques e invasões físicos normalmente se limitam a um lugar geográfico, **os ataques e invasões digitais podem alcançar todas as dimensões da vida de uma pessoa** – dados sensíveis,[13] financeiros, controle de dispositivos inteligentes (como marca-passo, ar-condicionado, porta, cortinas, televisão, equipamento de som, carro etc.) – **não se limitando ao digital, abrangendo, inclusive, a física**. Por exemplo, uma invasão nos sistemas digitais de um carro, pode provocar um acidente físico, como no caso reportado de hackeamento em 2015.[14] Com todos os objetos ao nosso redor se tornando controlados cada vez mais digitalmente, estamos nos cercando de pontos de vulnerabilidade. Isso representa uma ameaça destrutiva sem precedentes na vida humana.

A tendência de crescimento dos prejuízos causados pelo cibercrime ao longo dos anos pode ser visualizada na Figura 6.5.

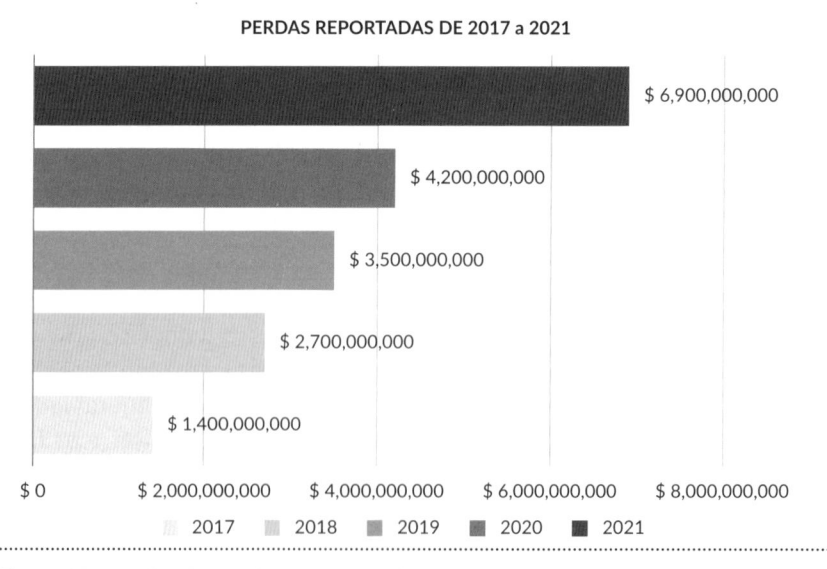

**PERDAS REPORTADAS DE 2017 a 2021**

- $ 6,900,000,000
- $ 4,200,000,000
- $ 3,500,000,000
- $ 2,700,000,000
- $ 1,400,000,000

$ 0 — $ 2,000,000,000 — $ 4,000,000,000 — $ 6,000,000,000 — $ 8,000,000,000

2017 ■ 2018 ■ 2019 ■ 2020 ■ 2021

**Figura 6.5 –** Gráfico das perdas causadas pelo cibercrime de 2017 a 2021, segundo dados do *Internet Crime Report* do *FBI Internet Crime Complaint Center*. Disponível em: https://www.thesslstore.com/blog/cyber-security-statistics/. Acesso em: 30 mar. 2023.

---

13. Dados sensíveis, segundo a Lei Geral de Proteção de Dados (LGPD), são aqueles que revelam origem racial ou étnica, convicções religiosas ou filosóficas, opiniões políticas, filiação sindical, questões genéticas, biométricas e sobre a saúde ou a vida sexual de uma pessoa.
14. Ver mais em: https://www.wired.com/2015/07/hackers-remotely-kill-jeep-highway/. Acesso em: 30 mar. 2023.

O Fórum Econômico Mundial aponta, no *Global risk report 2023*,[15] que o **cibercrime** e a **ciberinsegurança** estão entre os **10 maiores riscos globais**. Em outro relatório, o *Cybersecurity in this era of polycrisis*,[16] eles conectam as questões de cibersegurança à ascenção da policrise em 2023.

Portanto, com o avanço inevitável do digital nas nossas vidas e no mundo, as questões de cibersegurança passam a ser questões de sobrevivência e sustentabilidade humana e, consequentemente, devem fazer parte da **educação**. Sem consciência dos riscos, estamos todos indefesos e à mercê de criminosos. Isso é particularmente alarmante quando se trata dos jovens.

Com as **crianças** acessando tecnologias digitais cada vez mais cedo, desde bebês, elas estão se **tornando vulneráveis a ataques e crimes digitais** desde então. Nesse sentido, os **pais e educadores** em geral **também precisam ser educados** sobre cibersegurança, pois muitas vezes acreditam ingenuamente que uma criança em casa está totalmente protegida dos perigos do mundo exterior, sem perceber, no entanto, que se essa criança estiver conectada à internet, sem proteção digital, ela pode estar correndo riscos muito maiores do que se saísse para brincar em praça pública.

### Engajamento *versus* distração

Uma das consequências da disseminação e melhoria contínua das tecnologias digitais de produção, armazenamento, publicação e propagação da informação, é o tsunami de conteúdo que abala cada vez mais as nossas vidas – mensagens, notificações, *feeds* de notícias, alertas, memes etc. – invadindo cada vez mais o nosso tempo e, principalmente, desviando a nossa atenção.

É a era da distração, da "economia da atenção", do "paradoxo da escolha" e da "info-obesidade".[17] A **atenção** das pessoas está se tornando um bem cada vez mais escasso e disputado, e isso é particularmente importante na educação e na aprendizagem: um dos desafios da educação na Era Digital é conseguir que, em meio a tantos estímulos e mídias digitais, os estudantes se interessem por tópicos educacionais essenciais à sua formação, não dispersem, aprofundem suas reflexões e adquiram pensamento crítico para solução de problemas. Para isso, é necessário conseguir engajar os jovens nesses tópicos.

No entanto, **engajar** é ainda mais complicado do que conseguir atenção, uma vez que envolve algum tipo de reação por parte das pessoas depois que foram

---

15. Ver mais em: https://www.weforum.org/reports/global-risks-report-2023/. Acesso em: 30 mar. 2023.

16. Ver mais em: https://www.weforum.org/agenda/2023/02/cybersecurity-in-an-era-of-polycrisis/. Acesso em: 30 mar. 2023.

17. Para mais informações sobre esses assuntos, leia a Parte 1 do livro *Você, Eu e os Robôs: como se transformar no profissional digital do futuro*.

impactadas por uma mensagem. Assim, enquanto **atenção se refere a perceber**, **engajamento se refere a participar**. Conseguir estimular uma pessoa para que saia do estado em que se encontra e se mobilize para participar de algo é o que chamamos de engajamento. Portanto, fazer com que os estudantes prestem atenção em algo é o início, mas, para conseguir que eles experimentem e interajam, é necessário engajamento.

A atenção e o engajamento das pessoas com relação a algo estão diretamente associados à relevância que esse algo tem para elas. Podemos entender "relevância" como o interesse que alguém tem sobre algo em determinado contexto. Sim, relevância é contextual – muda com a situação, o tempo e o espaço. Por exemplo, informações para encontrar um restaurante em New York podem ser muito relevantes quando se está em New York, mas completamente irrelevantes quando se está em São Paulo. O mesmo acontece com o tempo – algumas informações são relevantes em determinados momentos, mas não em outros. Por exemplo, informações sobre como cuidar de um bebê podem ser muito relevantes para uma grávida, mas não para quem tem filhos adolescentes. Portanto, os interesses mudam em função do contexto: as pessoas não "são" algo, elas "estão" algo, e, assim, a relevância muda conforme o estado delas.

Nesse sentido, para conseguir engajamento, é crucial entender o que é relevante para cada estudante. Isso pode fazer toda a diferença para o aprendizado. O desafio, no entanto, é que existem assuntos importantes a serem tratados na educação, mas os estudantes não consideram relevantes. Como fazer, então, para engajá-los?

O **esforço para engajar** alguém é **inversamente proporcional à relevância** que a pessoa atribui à mensagem ou ao estímulo que recebe. Em outras palavras, quanto mais relevantes algo for para alguém, menor o esforço para conseguir engajar essa pessoa naquilo. Por exemplo, é muito mais fácil fazer com que um estudante de música clássica se interesse por uma palestra sobre Chopin do que outro que só goste de *rock* e *heavy metal*.

Dessa forma, uma das maneiras mais fáceis de se conseguir engajamento é conhecer muito bem os estudantes e o que é relevante para eles. Isso é o que o Google faz de forma bastante eficiente com os seus "anúncios patrocinados": ele oferece ao seu usuário um anúncio com um assunto alinhado com o que ele está buscando ou lendo no momento, portanto, relevante para ele naquele instante. As chances de chamar a atenção e de engajar (com o clique) aumentam consideravelmente por conta da **relação de alta relevância** entre os interesses do leitor e o assunto do anúncio.

Por outro lado, muitas vezes não temos um contexto de relação de alta relevância entre o assunto que precisamos engajar e os interesses dos estudantes – como é o caso do exemplo do estudante de *rock* que não se interessa por uma palestra sobre Chopin. Nesse caso, essa é uma **relação de baixa relevância**. Como fazemos, então, para conseguir engajamento quando o assunto tem baixa relevância para o indivíduo? Situações como essas são muito mais comuns do que parecem, principalmente no ambiente educacional. Por exemplo, como fazer com que os estudantes se interessem por matérias e disciplinas que não gostam, mas que são importantes para sua formação? Como fazer com que professores de uma instituição passem a utilizar um *software* específico que é importante para a gestão, mas que eles não consideram relevante para eles? Como fazer com que as pessoas adquiram hábitos benéficos para a sustentabilidade ambiental quando elas não se importam com isso? Como conseguir que as pessoas descartem lixo eletrônico de forma adequada, quando isso lhes trará mais trabalho? Como conseguir mudar a cultura de uma instituição, modificando os hábitos dos colaboradores, quando eles não estão interessados na mudança? Em suma, **como conseguir o engajamento das pessoas em situações de relações de baixa relevância** entre o assunto de que precisam participar e os seus interesses? Certamente, é bem mais difícil do que engajar pessoas por meio da relação de alta relevância.

Nesses casos, é necessário criar uma **relação de alta relevância artificial** que servirá como meio de engajar indiretamente as pessoas que estão em uma relação de baixa relevância com o assunto. Em outras palavras, é preciso utilizar estratégias que transformem o processo em uma relação de alta relevância.

Uma dessas estratégias é a metodologia dos **3 E's (Educação, Estrutura e Estímulo)**, que criei inspirada nas estratégias de engenharia de tráfego. Acredito que essa metodologia se aplique para qualquer ação de engajamento em que se deseja que as pessoas atuem de forma contrária aos seus interesses imediatos, tendo-se como meta um objetivo maior.

Assim, vamos aos 3 E's, utilizando como exemplo ilustrativo a separação de lixo para reciclagem.

**Primeiro E: Educação**. Educar é o primeiro passo para engajar: é impossível engajar alguém em algo sem que essa pessoa entenda do que se trata e como pode atuar para participar. Um exemplo disso é a necessidade de separação de lixo para reciclagem – para que as pessoas possam realizar o processo corretamente, elas precisam ser educadas antes, e para que queiram participar fazendo a separação do lixo, elas precisam ser educadas sobre a importância disso e de sua contribuição para a sustentabilidade. Nas situações de relação de relevância alta, muitas vezes apenas o E da educação já consegue engajar. Quando a educação por si consegue engajar as pessoas com o bem comum, relegando a um segundo plano o interesse pessoal, ela se incorpora na cultura e a própria população passa a regular a sociedade. Em comunidades em que a cultura incorporou a limpeza como valor essencial, as próprias pessoas educam umas às outras e fiscalizam e recriminam quem joga lixo no chão, inibindo tal comportamento. A educação sobre coleta seletiva de lixo, depois de incorporada nas pessoas, faz com que elas naturalmente se empenhem com o processo da reciclagem.

**Segundo E: Estrutura.** Muitas vezes, por melhor que seja a educação, ela não consegue engajar as pessoas por falta da existência da estrutura necessária para que participem. Voltemos ao nosso exemplo da separação do lixo: se não existir coleta seletiva do lixo para reciclagem, não adianta fazer a separação do lixo. No outro caso, em culturas que incorporaram a limpeza como valor essencial, mesmo que a população seja educada e não queira jogar lixo no chão, se não houver lixeiras disponíveis para que elas possam descartar adequadamente o lixo, fica mais difícil engajar e, eventualmente, algumas pessoas passarão a jogá-lo em qualquer lugar, inclusive no chão. Assim, a função do segundo "E" é viabilizar os processos que possibilitem o engajamento ou favoreçam para que ele aconteça.

**Terceiro E: Estímulo**, ou "incentivo para fazer". Em alguns casos (especialmente nos de relação de relevância baixa entre o engajamento necessário e os interesses das pessoas), mesmo existindo educação e estrutura adequados, eventualmente isso pode ainda não ser suficiente para conseguir engajar. Imagine que mesmo educando e existindo lixeiras disponíveis, as pessoas continuem a jogar lixo no chão. Ou no exemplo da separação de lixo – mesmo educando e oferecendo um serviço de separação e coleta, as pessoas continuem a não separar o lixo. Nesses casos, precisamos criar um estímulo (o terceiro E) que transforme a relação de relevância baixa em alta. O estímulo precisa ser algo que tenha relevância para as pessoas que desejamos engajar e que as faça querer indiretamente participar daquilo que é necessário. A função do estímulo é fazer com que as pessoas se engajem em algo que não considerem relevante, até que isso se torne relevante para elas. Ou seja, o estímulo deve fazê-las agir da maneira necessária até que se eduquem e, então, não se torne mais necessário nenhum tipo de estímulo, e o engajamento se incorpore na cultura e seja regulado pela própria sociedade.

O estímulo pode tanto ser um **benefício** quanto uma **perda** de benefício relevante para a pessoa. Quanto mais relevante for o benefício ou a perda de um benefício para as pessoas envolvidas, mais eficiente o estímulo se torna para incentivá-las a fazer o proposto e se engajarem.

A diversão, por exemplo, pode ser um excelente **estímulo por benefício**, pois o nosso cérebro adora se divertir. Um exemplo brilhante disso é o projeto *The Fun Theory*,[18] que mostra como é possível fazer as pessoas mudarem seus comportamentos por meio da diversão, para melhorar suas vidas e o mundo. Um desses desafios propostos no projeto era: como fazer com que as pessoas **queiram** jogar lixo na lixeira sem ter que obrigá-las, multá-las ou puni-las (que é a forma convencional de se alcançar esse resultado)? A solução foi criar lixeiras divertidas, que, quando

---

18.   Ver mais em: http://www.thefuntheory.com/. Acesso em: 30 mar. 2023.

recebiam lixo, faziam barulho de queda em poço sem fundo. Elas foram colocadas em um parque e, como resultado, as pessoas preferiam jogar o lixo nas lixeiras a jogá-lo no chão, poluindo o parque. O vídeo apresentado na Figura 6.6 mostra o funcionamento da lixeira.

**Figura 6.6 –** Imagem do vídeo explicativo sobre o projeto *The world's deepest bin* (*A lixeira mais profunda do mundo*), parte da *The Fun Theory*. Disponível por meio do QR Code ao lado da imagem ou em: http://www.thefuntheory.com/worlds-deepest-bin. Acesso em: 30 mar. 2023.

No *site* do projeto *The Fun Theory* (http://thefuntheory.com) são apresentados os demais desafios e suas soluções criativas e divertidas.

Já o **estímulo por perda** consiste em encontrar algo relevante para as pessoas e que seja retirado delas, caso não se engajem. Por exemplo, para conseguir que um aluno faça um projeto específico, posso estabelecer que o melhor trabalho da sala será apresentado com honras em um evento social (estímulo por benefício) ou posso determinar que quem não fizer o trabalho não poderá participar do evento social (estímulo por perda). É importante ressaltar que o estímulo por perda não tem função punitiva, e sim educativa. Serve para que, depois de retirado o estímulo, o engajamento continue a existir pela educação. Estímulos que não consigam criar educação residual não são adequados.

Obviamente, o ideal é que a educação aconteça por meio de estímulos positivos e não negativos – o mundo ideal seria onde não fossem necessárias "perdas". No entanto, em situações extremas, que envolvem segurança ou qualquer bem maior, o estímulo de perda pode ser mais eficiente do que o de benefício. Um exemplo que mostrou isso muito claramente foi a educação para o uso do cinto de segurança na cidade de São Paulo na década de 1990. Apesar das inúmeras campanhas de comunicação informando os riscos e perigos de não se usar o cinto de segurança e mesmo os veículos estando equipados com cintos em todos os assentos, as pessoas não adotavam o uso do cinto. Portanto, apesar da **educação** e da **estrutura**, o enga-jamento com o cinto de segurança não acontecia. A forma de educar a população foi por meio de um **estímulo** de perda – a aplicação de multa aos motoristas pegos sem cinto de segurança. Assim, em um primeiro momento, as pessoas usavam os cintos de segurança para não serem multadas (**estímulo por perda**), mas ao longo do tempo, a maioria da população de São Paulo incorporou o uso do cinto como cultura, e hoje a multa não é mais o motivador principal do seu uso.

Assim, a educação é, sem dúvida, o E essencial e a base para um engajamento ideal. Os demais E's visam dar suporte à educação que engaja. Assim, os 3 E's trabalham juntos em diferentes graus para se conseguir engajamento em processos que não têm a atenção e o interesse das pessoas. Logicamente, eles devem ser ajustados caso a caso, conforme o objetivo de engajamento e o contexto.

## Engajamento horizontal, não hierárquico

Outro fenômeno que impacta na forma como o engajamento acontece é o processo de **reestruturação de poder** causado pelas tecnologias digitais em rede – o aumento gradativo das conexões entre as pessoas, permitindo troca de informações distribuídas, de todos para todos, provocou uma **horizontalização** das relações, distribuindo o poder, que anteriormente era centralizado hierarquicamente.

Na educação, isso impacta mais diretamente o papel dos educadores, pois uma das formas que lhes dava poder para conseguir engajamento dos estudantes era a estrutura da hierarquia de acesso à informação. A hierarquia era a estrutura que regia o funcionamento da educação tradicional – o educador era detentor dos fluxos informacionais, que eram centrados nele, e isso lhe conferia o poder. Sem os educadores, os estudantes não tinham acesso a outras formas de obter informação. No entanto, nas estruturas mais horizontais, que regem o cenário atual, a posição hierárquica não confere mais poder a ninguém, pois todos podem acessar tudo e todos para obterem informações. Nesse contexto, para conquistar poder, é necessário ter seu valor reconhecido dentro da rede, ou em outras palavras, adquirindo **capital social**.

O capital social de um indivíduo está intimamente relacionado com a **relevância** que ele tem para os outros, pois o seu valor aumenta conforme os benefícios percebidos da sua **participação** na rede. Assim, para um educador conseguir engajar estudantes, ele precisa conseguir aumentar o seu valor percebido na rede, ou seja, aumentar a sua relevância para os estudantes.

A educação passou, então, de uma organização centralizada (hierárquica) para uma organização **descentralizada e distribuída** (horizontal). As estruturas e as estratégias de liderança são completamente distintas entre elas, e quando tentarmos liderar uma organização descentralizada com estratégias que eram usadas em organizações centralizadas, essas estratégias não apenas não funcionarão, como prejudicarão o processo de liderar.

O livro *Quem está no comando? A estratégia da estrela-do-mar e da aranha*[19] faz uma analogia muito didática e pertinente entre as estruturas organizacionais e os

---

19. Ver: BRAFMAN; BECKSTROM, 2007.

organismos desses animais. A aranha (*spider*), assim como o ser humano, é um animal com cérebro centralizado na cabeça; sendo assim, quando se corta a sua cabeça, o animal morre. Já a estrela-do-mar (*starfish*) possui seu cérebro distribuído ao longo dos seus órgãos. Dessa forma, nesse tipo de organismo não existe uma cabeça para ser cortada, e quando se corta alguma parte do corpo, ela provavelmente nascerá de novo. Se você cortar uma das pernas da estrela-do-mar, ela nascerá novamente. Se você cortar a estrela-do-mar ao meio, talvez surjam duas – você não a mata, e sim a torna mais forte.

Seguindo essa analogia, o livro analisa as organizações descentralizadas desde a época da colonização espanhola na América até os dias de hoje, apresentando casos de organizações descentralizadas de sucesso, como as associações dos alcoólicos anônimos, o sistema de funcionamento do Visa e as redes descentralizadas de troca de arquivos de música propiciadas pela internet, que não conseguem ser controladas e vencidas pela centralizada organização da indústria fonográfica.

O livro mostra de maneira bastante simples a lógica de funcionamento de uma organização distribuída, e que as habilidades que catalisam o sucesso nas organizações horizontais de poder são outras, bem diferentes da lógica da centralização hierárquica do passado. Algumas dessas habilidades que alavancam o engajamento nas estruturas distribuídas são:

- **Interesse genuíno nos outros**.
- Habilidade de **mapeamento social**.
- **Desejo de ajudar** a todos que encontra.
- **Habilidade de ajudar as pessoas a ajudarem a si mesmas** (ouvindo e compreendendo), em vez de dar conselhos (impondo).
- **Inteligência emocional**.
- **Confiança** nos outros e na rede descentralizada.
- **Ser inspiração** (para os outros).
- **Tolerância** para a ambiguidade.
- Abordagem **"*hands-off*"** – não interferir ou tentar controlar o comportamento dos membros da rede.
- **Desapego** – habilidade de passar adiante depois de construir uma rede descentralizada, em vez de tentar tomar o controle.

Vemos que várias dessas habilidades sugeridas encontram sintonia com a paideia, em que o foco do desenvolvimento educacional é no estudante, e não no professor. Assim, desenvolver novas habilidades capazes de engajar os estudantes no ambiente digital distribuído é um dos desafios da educação na Era Digital.

# CAPÍTULO 7

# HABILIDADES
# PARA O FUTURO

*"Mude, antes que seja preciso."*
Jack Welch

Discutimos, ao longo deste livro, como as tecnologias digitais têm transformado o ambiente social – pessoas, sociedade, infraestrutura –, demandando e possibilitando uma transformação digital também na educação.

Humanos e tecnologias têm se combinado simbioticamente desde o início da nossa história, formando um **sistema inteligente** que evolui conforme as partes vão evoluindo e se transformando mutuamente (como analisado e explicado no TEDx[1] mencionado no Capítulo 1). Esse processo foi **ampliando gradativamente a inteligência no planeta** e se acelerou de forma mais acentuada nos últimos séculos por meio da introdução de tecnologias disruptivas cada vez mais poderosas, que

---

1. TEDx *No brain, no gain*, apresentado por Martha Gabriel. Disponível em: https://youtu.be/azTaJvHcDBU. Acesso em: 30 mar. 2023.

alavancaram as revoluções industriais, culminando agora com a introdução da **inteligência artificial (IA)**.

- **1ª Revolução Industrial – mecânica**: mecanização de processos, com início na Inglaterra, no século XVIII.

- **2ª Revolução Industrial – energia**: marcada pela aceleração propiciada pela energia elétrica e pelo petróleo no século XX.

- **3ª Revolução Industrial – informação (eletrônica)**: marcada pela introdução de equipamentos eletrônicos, telecomunicações e computadores, a partir de meados do século XX.

- **4ª Revolução Industrial – cognição (IA)**: marcada pela ascensão das tecnologias cognitivas, início do século XXI, especialmente a partir de 2010.

No entanto, diferentemente das tecnologias anteriores, a IA representa uma forma de participação inédita da tecnologia na equação do sistema inteligente tecno-humano: ela passa a **contribuir de forma cognitiva**, e isso marca uma **transformação profunda na relação tecno-humana** que **requer habilidades humanas distintas** das praticadas até recentemente, para que os humanos continuem relevantes e contribuindo para o aumento de inteligência do sistema tecno-humano no planeta. Vejamos.

Antes da IA, os **sistemas computacionais tradicionais** já traziam uma contribuição significativa para o aumento de inteligência do sistema tecno-humano, pois conseguiam processar rapidamente volumes de informação que são impossíveis para o cérebro humano. No entanto, esse tipo de sistema resolve apenas **problemas que podem ser previamente descritos como sequências de passos** – portanto, a sua contribuição para o aumento de inteligência do sistema tecno-humano consiste em conseguir **repetir determinado processo mais rapidamente e com um volume muito maior de informações**. Nesse contexto, problemas que não podem ser previamente descritos como uma sequência de passos não conseguem ser resolvidos por sistemas computacionais tradicionais. Exemplos clássicos desse tipo de problema é conseguir distinguir um gato de um cachorro, aprender a andar de bicicleta etc. Esse tipo de problema tem sido exclusivo do domínio humano durante toda a evolução da relação tecno-humana. Até agora.

A chegada da IA – especialmente os algoritmos de *deep learning* –[2] rompe essa barreira e passa a solucionar também esse tipo de problema, inaugurando, assim, a **Era Cognitiva**. Nesse contexto, a contribuição de inteligência da tecnologia na relação tecno-humana **vai além de realizar processos mentais repetitivos** e começa a **aprender e solucionar problemas cognitivos**, passando a realizar atividades (e trabalhos) que, até então, só conseguiam ser realizados por humanos.

---

2. Para entender o que é IA e os seus tipos (como aprendizagem de máquina, *deep learning* etc.), sua evolução e aplicações na vida humana, recomendo a leitura do livro *Inteligência Artificial: do zero ao metaverso*.

O desafio da educação, portanto, é conseguir preparar os humanos para atuarem nesse contexto cognitivo emergente, que demanda não apenas novos tipos de conhecimentos, mas também, e principalmente, novos comportamentos para que tenham sucesso nesse cenário (como discutido ao longo deste livro). Esses comportamentos são compostos por **habilidades** que, apesar de estarem presentes, em algum grau, na educação tradicional, agora precisam **ser combinadas de formas diferentes**, dando mais ênfase às que contribuem para a nova relação sistêmica tecno-humana e menos ênfase às que passam a ser menos relevantes.

Desse modo, como analisamos ao longo dos capítulos, o ambiente que se delineia requer, cada vez mais, pensamento crítico, empreendedorismo, inovação, ética e responsabilidade, sustentabilidade, autonomia, colaboração, entre outras competências que passam a ser mais relevantes do que memorização e repetição de informação, como no passado.

Nesse sentido, podemos organizar didaticamente as competências necessárias para a educação na Era Digital em três grandes categorias: **mentalidade digital**, **adaptabilidade** e **sustentabilidade**. A categoria "**mentalidade digital**" reúne as habilidades que nos auxiliam enxergar o que está acontecendo e a traçar **estratégias** de ação. A categoria "**adaptabilidade**" engloba as habilidades que nos ajudam a **agir**, a colocar em prática tudo aquilo que traçamos na categoria "mentalidade digital". E, finalmente, a categoria "**sustentabilidade**" combina as habilidades que **balizam** tanto a tomada de decisão gerada pela "mentalidade digital" quanto as ações executadas na "adaptabilidade" para que sejam **humanas**, garantindo um futuro sustentável para a humanidade.

A seguir, discutiremos cada uma delas, que também apresento no TEDx *Três habilidades que podem salvar o seu futuro*, disponível por meio do QR Code ao lado da Figura 7.1.

**Figura 7.1 –** Imagem do TEDx *Três habilidades que podem salvar o seu futuro*, apresentado por Martha Gabriel. Disponível por meio do QR Code ao lado da imagem ou em: https://youtu.be/IhpTfJ6eOCg. Acesso em: 30 mar. 2023.

## Mentalidade digital

Em todas as revoluções tecnológicas, mais do que uma mudança de tecnologias, acontece principalmente uma **mudança de paradigma** na sociedade. Em outras palavras, **mudam as regras que regem o jogo da vida**, e o primeiro passo para conseguir ter sucesso no novo paradigma é **entender as novas regras e aprender a jogar**. Portanto, essa categoria "mentalidade digital" refere-se às habilidades que nos auxiliam a entender as regras do jogo para que possamos tomar as melhores decisões, traçarmos as melhores estratégias.

Atualmente, vivemos o **paradigma do digital** e a pergunta que devemos fazer antes de tudo é: quais são as regras do jogo do digital? Sem entender isso, não adianta desenvolver qualquer outra habilidade para o futuro. Por exemplo, de que vale eu desenvolver todas as habilidades necessárias para me tornar o melhor jogador de xadrez do mundo, se o jogo que eu preciso jogar é futebol? Assim, antes de escolher e aprender tecnologias ou se adaptar a qualquer coisa, precisamos entender as regras do jogo atual, que é o digital. Ao longo deste livro, discutimos várias dessas regras: aceleração da mudança, fragmentação da informação, multiplicidade de plataformas, hiperconexão, sofisticação tecnológica, horizontalização das relações, entre várias outras.

No entanto, devido à alta **velocidade de mudança**, essas regras mudam o tempo todo, porque a cada nova tecnologia que surge, acontece uma transformação de todo o ecossistema. E surgem tecnologias novas todos os dias. Por exemplo, quando surgiu o Waze, ele transformou o modo como navegamos na cidade, e as tecnologias de GPS que não funcionavam em tempo real perderam valor rapidamente e desapareceram. Quando surgiu o TikTok, ele transformou as regras do jogo das mídias sociais, causando mudanças em todas as outras redes. Quando a IA generativa entra em cena, ela impacta as regras de criação e produção de conteúdos, transformando todas as áreas do conhecimento que se relacionam com isso, inclusive, e principalmente, a educação. Portanto, diferentemente das revoluções tecnológicas do passado, a questão não é apenas enxergar a mudança uma vez e aprender como atuar para sempre. No paradigma atual, é necessário enxergar o que muda constantemente, e se adaptar no mesmo ritmo.

Nesse contexto, duas habilidades humanas fundamentais são: **letramento em futuros** e **pensamento crítico**.

O grande desafio, no entanto, é que o letramento em futuros ainda é bastante desconhecido nos ambientes educacionais e o pensamento crítico envolve inúmeras outras competências que precisam ser aprendidas, mas que normalmente não fazem parte dos programas educacionais e nem da educação no âmbito familiar.

**Letramento em futuros** (também conhecido como futurismo) é a disciplina que avalia cenários para que possamos criar melhores futuros. Utilizando inúmeras metodologias de pesquisa, o estudo de futuros permite "enxergar" as ramificações que o futuro pode tomar (Figura 7.2), determinando os futuros possíveis, prováveis, plausíveis, para que, dentro desse leque, possamos escolher os futuros desejáveis e evitar os que não queremos. O letramento em futuros passa a ser um instrumento cada vez mais valioso conforme a velocidade de mudança aumenta, tornando o futuro mais incerto. Saber traçar cenários permite preparar-se melhor para o futuro e deveria ser ensinado desde os primeiros anos escolares.

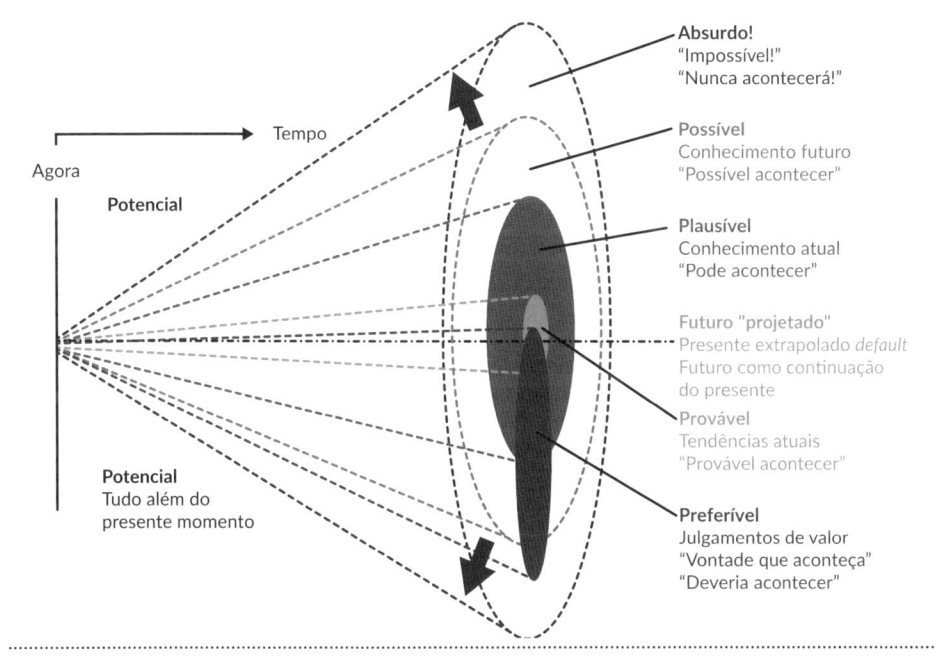

**Figura 7.2** – Adaptação do cone do futuro de Voros. Disponível em: https://thevoroscope. com/2017/02/24/the-futures-cone-use-and-history/. Acesso em: 30 mar. 2023.

Se letramento em futuros é a competência que permite traçar cenários, o **pensamento crítico**, por sua vez, é a competência que permite analisar cenários para realizar a melhor tomada de decisão. Para isso, o pensamento crítico fundamenta-se em cinco pilares principais: (1) ceticismo; (2) superação de vieses cognitivos; (3) lógica, argumentação e retórica; (4) repertório; e (5) conjunto de valores que balizam as decisões. Essas competências e atitudes, para serem adquiridas, necessitam de **aprendizagem** – e esse tipo de aprendizagem é altamente complexo e multidisciplinar, dificultando que se desenvolva sozinho, sem o auxílio de um processo educativo. Portanto, depende e **se beneficia da educação**.

 ### Adaptabilidade

Uma vez que se enxergue o cenário (futurismo) e se escolha um caminho (pensamento crítico), para que a visão se torne realidade, é necessário agir no ambiente em que nos encontramos. Assim, as competências que agrupamos aqui, na categoria "adaptabilidade", são aquelas que possibilitam e facilitam a atuação dos indivíduos de forma a transformar visão, estratégia, em realidade.

Historicamente, a humanidade evoluiu por meio da sua capacidade de adaptação às transformações do meio ambiente; portanto, a adaptabilidade não é algo novo e está configurada no ser humano. Contudo, o ritmo necessário de adaptação para a mudança acelerada atual é algo inédito. Some-se a isso as características que o digital impõe – sua configuração hiperconectada, distribuída, horizontal, fragmentada etc. –, algumas habilidades tornam-se essenciais para se adaptar e agir com sucesso:

**Agilidade**: o ritmo acelerado de mudança faz como que não seja suficiente apenas se adaptar, mas se adaptar rapidamente, ou seja, com agilidade.

**Colaboração, comunicação e negociação**: quanto mais complexo e horizontal se torna o ambiente, como discutimos anteriormente, mais passamos a depender uns dos outros, tornando, assim, as competências de relacionamento em instrumentos essenciais para solucionar problemas.

**Inovação, criatividade e empreendedorismo**: a velocidade crescente de mudança traz constantemente problemas e oportunidades novos, que demandam e se beneficiam de criatividade e inovação aplicados a novos empreendimentos.

**Simbiose tecnológica**: as tecnologias digitais são os principais instrumentos disponíveis para atuarmos no mundo; portanto, é fundamental aprendermos a utilizá-las. Por exemplo, não conseguimos nos beneficiar das funcionalidades de um editor de textos, se não sabemos usá-lo. O mesmo acontece com o Waze ou o ChatGPT. Tecnologia é como honestidade, quem não tem não sabe o que é, e quanto mais disruptiva for uma tecnologia, menos você conseguirá imaginar o que ela faz – é necessário usar para saber.

**Resiliência**: a mudança acelerada, característica da Era Digital, traz desafios que requerem transformação contínua, como os descritos anteriormente – agilidade, colaboração, comunicação, negociação, inovação, criatividade, empreendedorismo, simbiose tecnológica etc. Para conseguir enfrentar esse cenário, a resiliência é uma habilidade fundamental, a fim de promover adaptabilidade constante e contínua – garantindo a recuperação após fracassos e dificuldades, obstáculos usuais em ambientes com alto grau de incerteza. A resiliência consiste em resistir a eventos determinados, sendo a base para o desenvolvimento de uma habilidade ainda mais valiosa, denominada *grit*, em inglês – perseverar resiliente e consistentemente visando um objetivo de longo prazo. *Grit* é uma das habilidades determinantes de sucesso futuro, mais do que QI e inúmeros outros fatores que temos mensurados na educação (Figura 7.3), e é alavancado por incentivo e mentoria (Figura 7.4), ressaltando a necessidade e a importância do papel do professor cada vez mais como tutor.

**Figura 7.3 –** Imagem do TEDx com Angela Lee, sobre *Grit*. Disponível, legendado em português, por meio do QR Code ao lado da imagem e em: https://www.ted.com/talks/angela_lee_duckworth_grit_the_power_of_passion_and_perseverance/transcript?language=pt-br. Acesso em: 03 mar. 2023.

**Figura 7.4 –** Imagem do TEDx sobre como ajudar os estudantes a desenvolver *Grit*. Disponível, legendado em português, por meio do QR Code ao lado da imagem e em: https://www.ted.com/talks/anindya_kundu_the_boost_students_need_to_overcome_obstacles. Acesso em: 03. mar. 2023.

 ## Sustentabilidade

Enxergar o cenário, tomar decisões e agir no ambiente são habilidades que nos dão poder frente às transformações que as tecnologias digitais apresentam. No entanto, como discutimos anteriormente, quanto maior o poder que nos é conferido, maior se torna também a nossa responsabilidade. Assim, para balizar esse poder de visão e ação, algumas habilidades e comportamentos são cruciais para garantir o futuro da humanidade:

**Valores humanos**: aumento de inteligência e poder, se não vier acompanhado de humanidade, se torna cruel. Se, na jornada de evolução tecnológica, não garantirmos que continuaremos sendo humanos, não existirá futuro para a humanidade. Portanto, tudo aquilo que nos torna humanos – emoção, empatia, ética – são valores que devem estruturar todas as demais competências desenvolvidas na educação.

**Sustentabilidade**: além de valores humanos, o equilíbrio e a preservação do ecossistema que nos mantém e permite prosperar é condição *sine qua non* para nossa existência futura. Assim, a sustentabilidade ambiental e econômica, associada à social, é questão de sobrevivência e precisa também estar na base de toda e qualquer competência humana.

## Preponderância das *soft skills*

Perceba-se que dentre todas as competências, valores e comportamentos elencados nas categorias de habilidades para o futuro, apenas a simbiose tecnológica é um *hard skill* – todas as demais são *soft skills*. Esse fenômeno é decorrência da própria natureza do ambiente digital – conforme as máquinas passam a desempenhar cada vez mais e melhor as *hard skills*, as habilidades humanas que passam a ter valor no sistema tecno-humano são aquelas que as máquinas (ainda) não fazem, ou, em outras palavras, as *soft skills*.

Isso não significa que as *hard skills* não são importantes – elas continuam necessárias para que consigamos atuar em um mundo tecnológico. No entanto, o diferencial do trabalho humano está em como as *hard skills* são utilizadas por meio das *soft skills*. Pessoas que sabem usar tecnologia e que vivem valores humanos são aquelas que precisaremos não apenas no futuro, mas sempre.

## *Gap* brasileiro

A transformação digital é inexorável – quer estejamos preparados, ou não, ela continuará avançando e demandando habilidades para enfrentá-la. No entanto, infelizmente, ainda sofremos com desafios básicos em educação, que precisam ser superados para que possamos aproveitar as oportunidades que as tecnologias podem oferecer.

Apesar de **90% dos lares brasileiros terem acesso à internet**[3] e o Censo Escolar 2021 revelar que **81% das escolas estaduais de ensino médio** possuem internet **banda larga** (74% delas a utilizam no processo de ensino e aprendizagem) e 98,3% das escolas da rede federal contam com esse recurso (91,8% o aplicam nos processos escolares entre professores e alunos) a UNESCO[4] aponta que

*a qualidade e a equidade continuam sendo desafios importantes a serem enfrentados no Brasil, uma vez que são essenciais para atender às necessidades*

---

3.   Ver mais em: https://www.gov.br/casacivil/pt-br/assuntos/noticias/2022/setembro/90-dos-lares-brasileiros-ja-tem-acesso-a-internet-no-brasil-aponta-pesquisa. Acesso em: 30 mar. 2023.

4.   Ver mais em: https://en.unesco.org/fieldoffice/brasilia/expertise/education-quality. Acesso em: 30 mar. 2023.

*do país e para a construção de uma sociedade de conhecimento. As pesquisas mostram que grande parcela dos alunos de diferentes níveis educacionais apresenta deficiências de aprendizagem em disciplinas críticas. A baixa absorção de conceitos científicos prejudica a inclusão desses indivíduos na sociedade moderna.*

Outro indicador que revela a baixa *performance* da educação no Brasil é o *Programme International for Student Assessment* (PISA) –[5] entre os quase 80 países participantes do programa, o Brasil ocupa a 71ª posição em matemática, 65ª em ciências e 58ª em leitura.

Portanto, precisamos lembrar que a educação na Era Digital não é sobre tecnologia, mas sim sobre educação.

---

5. Ver mais em: https://www.oecd.org/education/policy-outlook/country-profile-Brazil-2021-EN.pdf. Acesso em: 30 mar. 2023.

# FUTURO DA EDUCAÇÃO

Capítulo 8 – Tendências e Consequências

# CAPÍTULO 8

# TENDÊNCIAS E CONSEQUÊNCIAS

*"O propósito do aprendizado é o crescimento, e as nossas mentes, ao contrário dos nossos corpos, podem continuar a crescer conforme nós continuamos a viver."*

Mortimer Adler

Conforme a tecnologia invade todas as dimensões da nossa vida, **não existe mais espaço no mundo para ingenuidade e alienação tecnológica – precisamos crescer junto com a tecnologia, ou correr o risco de nos tornarmos vulneráveis aos seus desdobramentos e consequências**.

Até o século XX, as revoluções tecnológicas demoravam décadas para se sedimentarem na sociedade, devido ao ritmo mais lento de transformações – nesse contexto, os ciclos de vida das tecnologias eram maiores do que o ciclo de vida humano. Em outras palavras, a tecnologia demorava mais para mudar do que o período de existência de um ser humano. Por isso, mesmo que um indivíduo não acompanhasse o *Zeitgeist*,[1] ele ainda conseguiria viver com algum grau significativo

---

1. ***Zeitgeist*** é um termo alemão usado para caracterizar o "espírito do tempo", ou seja, significa o espírito de uma época ou sinal dos tempos. Ele é formado pelo conjunto do ambiente intelectual e cultural do mundo

de adesão à sociedade à qual pertencesse, garantindo um nível mínimo de controle das suas necessidades em sintonia com o funcionamento do mundo ao seu redor.

Na direção oposta, a partir do fim do século XX, essa lógica se inverte, e a tecnologia passa a ter ciclos de vida cada vez mais curtos, de modo que um indivíduo enfrenta diversas microrrevoluções tecnológicas durante seu período de vida. Nesse contexto, aqueles que não acompanham a evolução contínua dessas cascatas de mudanças correm o risco de não conseguirem mais operar de forma eficiente na sociedade em que vivem, tornando-se alienados e vulneráveis por perda de discernimento e controle.

Portanto, como discutido no Capítulo 7, entre as habilidades necessárias para a Era Digital, é fundamental que se desenvolva o pensamento sistêmico, crítico e capaz de enxergar e traçar cenários futuros para permitir que evoluamos em sintonia e sinergia com as transformações tecnológicas, para que não nos tornemos vítimas delas. Portanto, um valioso instrumento para isso é o estudo de tendências – não apenas tecnológicas, mas também as demais, que normalmente são causadas por desdobramentos tecnológicos. Por exemplo, a tendência de comportamento de fazer uma *selfie* para registrar momentos vividos é fundamentada na existência e disseminação das tecnologias móveis.

Assim, para fechar este livro, não poderíamos deixar de trazer uma **visão de futuros**, que, além da **tecnologia**, conta também com outras forças importantes que impactam a educação e continuarão moldando o seu futuro. Entre elas, temos a **globalização** e as mudanças **demográficas**, **políticas** e **sociais**. Vejamos.

## Globalização

O aumento da conexão global elimina restrições geográficas de **aprendizado** e **colaboração**, permitindo, assim, o surgimento de oportunidades educacionais em qualquer cultura ou local do planeta. Isso pode ser utilizado tanto por estudantes quanto por instituições e/ou professores, gerando as seguintes tendências e consequências:

1. **Crescimento da educação internacional**: o acesso a estudos em universidades estrangeiras e/ou intercâmbios culturais favorece a exposição a novas ideias, perspectivas e culturas, enriquecendo experiências pessoais que tendem a contribuir para a ampliação do repertório criativo e do pensamento crítico.

2. **Aumento da demanda por habilidades globais**: valorização da capacidade de trabalhar com equipes internacionais e compreender diferentes culturas.

---

em determinada época ou pelas características genéricas de um dado período de tempo. Por exemplo, o festival de Woodstock é parte do *Zeitgeist* dos anos 1960.

3. **Colaboração internacional**: oportunidade de colaborar com pares em projetos de pesquisa, compartilhamento de recursos e troca de informações sobre métodos e práticas educacionais.

4. **Aumento da diversidade cultural nas aulas**: a possibilidade de estudantes de qualquer parte do mundo participarem de uma aula, presencial ou *on-line*, requer uma abordagem mais inclusiva e sensível por parte dos educadores na compreensão de necessidades culturais distintas. A diversidade tende a contribuir para o aumento da compreensão e tolerância entre os diferentes grupos de estudantes.

5. **Crescimento da modalidade *on-line***: as plataformas digitais de educação e comunicação são tanto demandadas quanto fomentadas pela globalização, ampliando, assim, a digitalização no planeta.

6. **Ampliação do mercado de trabalho e da concorrência global**: por um lado, a globalização (e, mais especialmente, a digitalização pós-pandemia) vem permitindo opções para se trabalhar de forma remota em qualquer lugar e/ou de qualquer lugar, ampliando, assim, as oportunidades de atuação para muito além da nossa localização geográfica. Por outro lado, indivíduos de qualquer lugar do planeta também podem potencialmente trabalhar em qualquer lugar, favorecendo a concorrência em nível global. Isso leva à necessidade de aumento da qualidade da educação local para fazer frente à atuação no mercado global (incluindo a valorização de habilidades globais, mencionadas no item 2).

 Mudanças demográficas

O mundo está vivendo grande turbulência de transformação demográfica[2] em função de três principais fenômenos: crescimento populacional, mudanças na fertilidade e mortalidade. Soma-se a isso a taxa de migração mundial,[3] que hoje é significativamente maior do que nos séculos passados, devido a combinação de fatores, como melhoria nos transportes e comunicações, conflitos políticos e militares, mudanças climáticas e melhoria na qualidade de vida. Consequentemente,

2. Ver artigos do Fundo Monetário Internacional (FMI):
https://www.imf.org/en/Publications/fandd/issues/Series/Analytical-Series/aging-is-the-real-population-bomb-bloom-zucker. Acesso em: 20 abr. 2023;
https://www.imf.org/en/Publications/fandd/issues/2020/03/changing-demographics-and-economic-growth-bloom. Acesso em: 20 abr. 2023;
https://www.imf.org/en/News/Podcasts/All-Podcasts/2020/03/11/david-bloom-on-demographics. Acesso em: 20 abr. 2023;
https://www.imf.org/en/Publications/fandd/issues/2020/03/impact-of-aging-on-pensions-and-public-policy-gaspar. Acesso em: 20 abr. 2023;
https://www.imf.org/en/Publications/fandd/issues/2020/03/shrinkanomics-policy-lessons-from-japan-on-population-aging-schneider. Acesso em: 20 abr. 2023.

3. Ver mais em: https://www.studysmarter.co.uk/explanations/geography/migration-and-identity/consequences-of-migration/. Acesso em: 20 abr. 2023.

sofremos uma reestruturação demográfica tanto na distribuição etária quanto cultural, impactando comportamentos, diversidade, mercado de trabalho e, logicamente, a educação. Como consequências, além do aumento da **diversidade em sala de aula** e da **demanda de habilidades globais** (alavancadas também pela globalização), as mudanças demográficas transformam o **mercado de trabalho** (em função da dinâmica de atuação dos diversos grupos) e levam a uma maior demanda por **educação de adultos ao longo de toda a vida**, especialmente em países com envelhecimento populacional e aumento da longevidade, como no caso do Brasil.[4]

 ## Mudanças políticas e sociais

**Políticas governamentais** afetam o **financiamento**, o **incentivo** e o **acesso à educação**, impactando as oportunidades educacionais. Com o aumento da globalização e da competição global de mercados, países que não desenvolverem políticas que priorizem a qualidade da educação de sua população tenderão a ter maiores dificuldades em participar da economia global. Países que colocam a educação em primeiro plano – como escandinavos, Singapura, Coreia do Sul etc. – experimentam maior desenvolvimento, pois a educação é o principal item formador de capital humano capaz de realizar não apenas crescimento econômico, mas também progresso social com diminuição de desigualdades e cuidados com o meio ambiente. Um país educado gasta menos com saúde pública e tem níveis de segurança mais elevados.[5] Já as **mudanças sociais**, por sua vez, afetam o direcionamento da **conscientização sobre questões como inclusão e diversidade**, direcionando e demandando uma educação como força para o bem social e o desenvolvimento humano sustentável.

 ## Tecnologia

A tecnologia é a principal força transformadora da nossa realidade. Podemos destacar oito principais categorias tecnológicas que estão reestruturando o planeta:[6] **inteligência artificial** (IA), **Internet das Coisas** (IoT), *Big Data*, *blockchain*, **impressão 3D**, **robótica**, **nanotecnologia** e **computação quântica**. Combinadas, essas tecnologias tendem a impactar todas as áreas do conhecimento e da experiência humana: saúde, comunicação, alimentação, produção, globalização, finanças, serviços, entretenimento, transporte, viagens, informação, gestão, relacionamento, comportamento, negócios, mercado, cultura, infraestrutura, trabalho, aprendizagem, ensino, enfim, tudo.

---

4. Ver artigos:
   https://www.epsjv.fiocruz.br/noticias/reportagem/um-pais-mais-velho-o-brasil-esta-preparado. Acesso em: 20 abr. 2023;
   https://www.portaldoenvelhecimento.com.br/o-indice-de-envelhecimento-no-brasil-e-no-mundo/. Acesso em: 20 abr. 2023.
5. Ver mais em: https://todospelaeducacao.org.br/noticias/como-a-educacao-influencia-o-desenvolvimento-economico-do-brasil. Acesso em: 20 abr. 2023.
6. Essas tecnologias e as tendências tecnológicas que mencionamos aqui são discutidas no livro *Você, Eu e os Robôs: como se transformar no profissional digital do futuro*.

No âmbito da **educação**, temos discutido ao longo deste livro como a tecnologia tem transformado a aprendizagem, o ensino e o mercado de trabalho, apontando para um futuro cada vez mais conectado, *smart*, fluido, centrado no estudante, híbrido. Nessa jornada, apesar da importância inegável de todas as tecnologias disruptivas listadas aqui, a **IA** e as **tecnologias imersivas** (realidade virtual e realidade aumentada) potencialmente alavancam as transformações mais profundas para o futuro da educação, e, em função disso, aprender a utilizar essas tecnologias é o primeiro passo para realmente navegar nessas tendências, que serão analisadas a seguir juntamente com suas principais consequências.

## Inteligência artificial[7]

A IA tende a se integrar em vários aspectos da experiência de aprendizagem, impulsionando transformações na educação:

- **Aprendizagem personalizada**: sistemas de IA conseguem analisar dados individuais do estudante e adaptar o conteúdo educacional ao seu estilo de aprendizagem, habilidades e preferências.
- **Automação de tarefas administrativas**: libera os professores para focar a atenção nos estudantes.
- **Sistemas tutores inteligentes**: oferecem *feedback* em tempo real e orientação, complementado as aulas tradicionais.
- **Melhoria da acessibilidade**: tecnologias de IA permitem a criação de sistemas computacionais mais inclusivos, como *text-to-speech* e *speech-to-text*, que favorecem estudantes com deficiências ou limitações linguísticas.
- **Tomada de decisões baseada em dados**: sistemas inteligentes conseguem analisar grandes volumes de dados sobre desempenho, engajamento e satisfação dos estudantes, permitindo, assim, que professores tomem melhores decisões em relação a métodos de ensino, alocação de recursos e desenvolvimento de conteúdos.

Como consequências dessas tendências, emergem riscos críticos inerentes à adoção crescente de IA na educação:

- **Preocupações com privacidade**: para conseguir personalizar os processos de aprendizagem, a IA normalmente precisa coletar e analisar dados dos estudantes, que, muitas vezes, são sensíveis, aumentando os riscos de acesso não autorizado ou utilização indevida dessas informações.

---

7.  **Inteligência artificial** (IA) é um conceito que remonta à Antiguidade, cujo termo foi cunhado nos anos 1950, tornando-se desde então oficialmente uma área do conhecimento. Portanto, não é um assunto novo, mas, por questões de evolução tecnológica, atualmente é a tecnologia mais disruptiva com a qual convivemos, tendendo a ser a mais poderosa já criada pela humanidade. Por isso, é fundamental que todo ser humano – principalmente educadores – conheça o que é IA e os seus impactos na humanidade – tanto benefícios como riscos. Como esse assunto foge do escopo desse livro – que foca nos impactos da tecnologia na educação, e não nas tecnologias em si –, sugiro a leitura do livro *Inteligência Artificial: do zero ao metaverso*.

- **Riscos de aumento da desigualdade**: o acesso a sistemas de IA pode não ser igual para todos, reforçando desigualdades de oportunidades existentes na educação e dificultando a inclusão digital.
- **Riscos de excesso de confiança na IA**: estudantes e professores podem passar a confiar demasiadamente nos sistemas inteligentes, prejudicando o desenvolvimento de pensamento crítico, habilidade cada vez mais fundamental, conforme experimentamos aumento da disseminação tecnológica e complexidade.
- **Riscos de desumanização da educação**: o aumento da ênfase na utilização de sistemas tutores inteligentes pode causar diminuição na relação entre o estudante e seus pares humanos (professores, educadores, outros estudantes), o que pode potencialmente prejudicar o seu desenvolvimento social e emocional, e, consequentemente, seu bem-estar.
- **Riscos éticos**: sistemas de IA necessitam de dados para aprender; no entanto, muitas vezes, os dados utilizados podem ser enviesados, ampliando, assim, problemas éticos existentes. Moral e ética de IA é um dos assuntos mais importantes para garantirmos sustentabilidade e humanidade no futuro e, conforme a IA avança, a atenção e a preocupação com os aspectos éticos tendem a aumentar também. Outra dimensão ética que se acentua com a ascensão dos sistemas de IA generativas – como ChatGPT e MidJourney, por exemplo, a partir do início de 2023 – é o plágio de IA. As IAs generativas, *a priori*, geram conteúdos tendo como base aprendizados preexistentes de diversos assuntos. Nesse sentido, existem inúmeras discussões éticas, tanto sobre como esses aprendizados ocorrem (fontes autorizadas ou não, credibilidade, ética nas respostas, manipulações etc.) quanto ao acesso por menores e exposição a conteúdos inadequados (validação inexistente de acesso para garantir que crianças não entrem em sistemas inapropriados). Além disso, apesar de diversas dessas plataformas afirmarem que são livres de plágio[8] (porque criam conteúdos, não copiam), o conceito de plágio vai além da cópia literal de algo, abrangendo também a apropriação do trabalho de outro como sendo seu, o que envolve a questão da autoria dessas ferramenta. Como elas não são humanas, não podem – ainda – serem consideradas oficialmente um autor; contudo, criam-se trabalhos originais, o ato de copiá-los e se apropriar deles necessita de novas considerações sobre formas criativas, utilização de conteúdo, de referências e o conceito de plágio em si.

## Tecnologias Imersivas

As tecnologias digitais vêm formando uma camada de experiência digital paralela e integrada ao ambiente físico. Quanto mais poderosas se tornam essas

---

8. Ver mais em: https://dataconomy.com/blog/2023/03/28/is-chatgpt-plagiarism-free-turnitin-checker/. Acesso em: 20 abr. 2023.

tecnologias, maior o seu potencial de criar experiências fluidas entre as camadas digital e física da nossa existência. Nesse sentido, vimos recentemente uma melhoria acentuada nas tecnologias que permitem criar e acessar experiências nas camadas digitais, especialmente nos ambientes virtuais 3D, conhecidas como experiências imersivas. Por isso, especialmente depois da digitalização impulsionada pela pandemia de Covid-19, em 2020, vimos a ascensão dos mundos virtuais 3D proliferando-se por meio de ambientes de jogos, mercado e educação. Essa fusão, que se intensifica entre *on-line* e *off-line*, passa a gerar aumento de interesse em torno do termo **metaverso**[9] e suas aplicações, a partir de 2022.

Se, por um lado, a confluência de IA, *blockchain*, *Big Data* etc. contribui cada vez mais para o desenvolvimento de ambientes imersivos virtuais 3D, por outro, as tecnologias de **realidade virtual, realidade aumentada e realidades mistas – tecnologias imersivas** – nos "transportam" para esses mundos, oferecendo fruição e integração entre as experiências *on-line* e *off-line*, de forma cada vez mais natural e transparente. Essas possibilidades de imersão apresentam tendências e consequências para a educação:

- **Melhoria da experiência de aprendizagem**: a imersão proporciona uma experiência mais rica, permitindo aprendizado mais engajado e interativo, tanto pelo acesso a conteúdos extraordinários, de forma imersiva, que permite o engajamento sensorial maior com assunto estudado, quanto pela ampliação das possibilidades interação com pares – humanos ou computacionais.[10]

- **Ampliação do acesso a recursos**: experiências imersivas permitem acessar locais remotos, como museus ou lugares históricos, e realizar simulações de ambientes inacessíveis, como o espaço sideral, o fundo do oceano ou navegar em uma molécula, entre inúmeras outras possibilidades, ampliando consideravelmente o alcance das experiências educacionais.

- **Riscos de dependência tecnológica**: por oferecerem experiências ricas, personalizáveis e interativas, as tecnologias imersivas tendem a causar alto engajamento, podendo provocar dependência desse tipo de tecnologia em detrimento de outros modos de aprendizado que podem ser necessários para o desenvolvimento de diferentes tipos de competências críticas e adaptabilidade.

---

9. **Metaverso** é um conceito que existe há mais de três décadas e vem se configurando como realidade desde o início da Era Digital. Para conhecer mais sobre por que tornou-se um termo em ascensão a partir de 2022, ver o artigo *A ascensão do metaverso e NFTs* na MIT Sloan Management Review Brasil em: https://www.mitsloanreview.com.br/post/a-ascensao-do-metaverso-e-dos-nfts. Acesso em: 20 abr. 2023.

10. Sugiro a experimentação de algum ambiente imersivo virtual em 3D, como o Horizon Workrooms ou qualquer aplicativo de jogo imersivo 3D, utilizando óculos de realidade mista, para entender como a imersão funciona. Não é possível apenas "imaginar" esse tipo de ambiente. É fundamental experimentar para compreender, assim como acontece com qualquer tecnologia disruptiva.

- **Riscos de segurança e saúde**: o uso prolongado de tecnologias imersivas pode trazer desconexão com a realidade e apresentar riscos à saúde, além de possibilitar acesso a conteúdos ou conexões impróprios, que podem comprometer potencialmente a segurança digital do estudante.

De modo geral, avaliando as tendências combinadas das principais tecnologias na educação, temos como benefícios potenciais: o aumento de **engajamento e motivação; experiências de aprendizado customizadas**; melhoria da **acessibilidade e flexibilidade**; melhoria da **eficiência do professor**. Por outro lado, o cenário tecnológico emergente também suscita desafios a serem vencidos: questões de **privacidade e segurança**; potencial aumento na **interação com computadores e telas**, diminuindo a interação social e presencial humana; e aumento do *gap* de **acesso a tecnologias avançadas** determinado por fatores socioeconômicos.

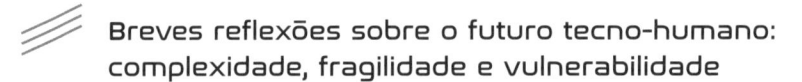

### Breves reflexões sobre o futuro tecno-humano: complexidade, fragilidade e vulnerabilidade

Eu não poderia finalizar este livro sem pontuar algumas questões sobre a evolução da **relação humano-tecnológica**, que é o **eixo central** para a construção do nosso **futuro**.

Se, por um lado, humanos e tecnologias formam um sistema inteligente, simbiótico, que vem se ampliando desde sempre (como discutido nos capítulos iniciais), por outro, esse sistema vem crescendo também em complexidade[11] (como vimos também anteriormente, não apenas em inteligência ou simbiose), e, consequentemente, em fragilidade e vulnerabilidade, como pode ser visto no excelente TED Talks *A história do mundo em 18 minutos* (Figura 8.1).[12]

Esse fenômeno nos alerta sobre o aumento da nossa responsabilidade como humanidade de **encontrar caminhos para a sustentabilidade futura**, e a **educação** é o vetor estrutural para que isso aconteça.

Focando mais especificamente no momento atual e analisando o paradigma tecno-humano que nos rege atualmente, vemos um *hype* enorme acontecendo em torno de tecnologias poderosas, como a IA, e uma preocupação crescente sobre o futuro – do trabalho, da educação, da humanidade.

No entanto, acredito que antes de lançarmos nossas energias em discussões sobre o futuro, é necessário fazermos a lição de casa e **colocarmos em ordem o**

---

11. Já discutimos a complexidade crescente em capítulos anteriores; aqui, o objetivo é analisar quais as consequências do seu contínuo crescimento.

12. Ver também o artigo *Stability of complex systems*, de Saunders e Bazin, publicado na revista *Nature* (1975). Resumo disponível em: https://www.nature.com/articles/256120a0#:~:text=ECOLOGISTS%20have%20generally%20held%20that,decreases%20as%20the%20complexity%20increases. Acesso em: 24 abr. 2023.

**presente** – como conseguiremos "ensinar" máquinas a serem éticas e justas se nós mesmos ainda não conseguimos atingir esse patamar social mínimo no planeta? Nesse sentido, vivemos um contexto de vulnerabilidades que deveríamos solucionar antes de avançar. Obviamente, esse é um pensamento utópico, já que se torna praticamente impossível concatenar todas as iniciativas ao redor do mundo para se alinharem e solucionarem desigualdades, injustiças, vieses e/ou quaisquer questões sustentáveis antes de continuarmos. Contudo, penso, sim, que é possível aumentarmos o grau de **consciência** e **responsabilidade** de um número cada vez maior de pessoas por meio da **educação** – e isso pode ajudar a criar as condições mínimas necessárias para continuarmos avançando na esperança de um futuro sustentável em termos de complexidade, fragilidade e vulnerabilidade em meio ao aparato tecno-humano emergente. Os desafios são grandes, pois, como nos alerta Edward O. Wilson,[13] pai da Sociobiologia, vivemos em uma era com "emoções paleolíticas, instituições medievais e tecnologias divinas".

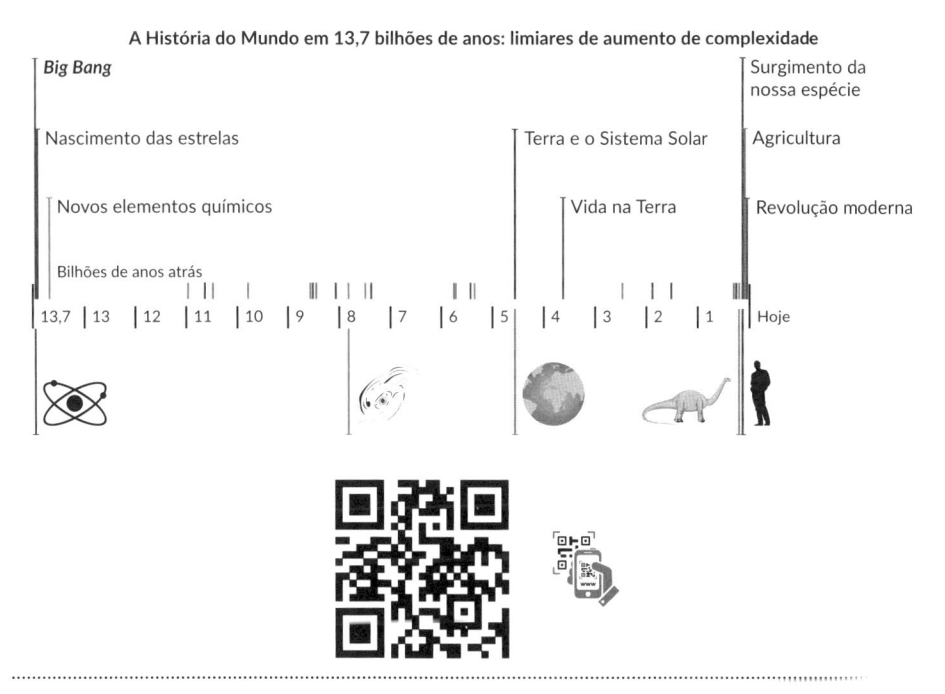

**Figura 8.1** – Imagem adaptada do TED Talks *A história do mundo em 18 minutos*, apresentado por David Christian em 2011. Disponível, legendado em português, por meio do QR Code ao lado da imagem e em: https://www.ted.com/talks/david_christian_the_history_of_our_world_in_18_minutes?subtitle=pt-br. Acesso em: 20 abr. 2023.

Que a **tecnologia**, a **humanidade** e a **educação** caminhem juntas e em sintonia para pavimentarem a estrada para um futuro melhor! **Depende de nós**.

---

13. Ver: RATCLIFFE, 2016.

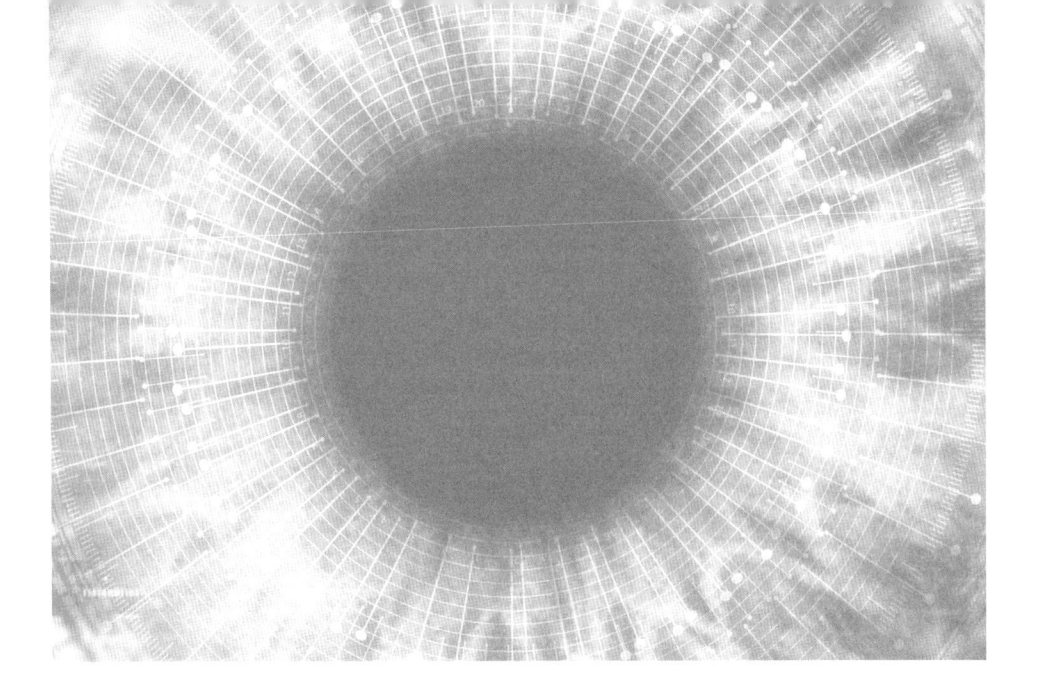

# REFERÊNCIAS

Apresentamos aqui referências adicionais, além das apresentadas nas notas de rodapé ao longo do livro – vídeos, artigos, notícias, livros.

BAKER, S. *The Numerati*. Massachusetts: Houghton Mifflin Harcourt, 2008.

BAUMAN, Z. *Modernidade líquida*. São Paulo: Zahar, 2001.

RERGER, J. *O poder da influência*: as forças invisíveis que moldam nosso comportamento. Rio de Janeiro: Alta Books, 2019.

BOSTRON, N. *Superinteligência*: caminhos, perigos, estratégias. Rio de Janeiro: Darkside Books, 2018.

BRAFMAN, O.; BECKSTROM, R. A. *Quem está no comando?* A estratégia da estrela-do-mar e da aranha. Rio de Janeiro: Campus, 2007.

DAVENPORT, T. H.; BECK, J. C. *A economia da atenção*. Rio de Janeiro: Campus Elsevier, 2001.

DEBORD, G. *A sociedade do espetáculo*. Rio de Janeiro: Contraponto, 2007.

DELEUZE, G. *Post-Scriptum* sobre as sociedades de controle. *In*: DELEUZE, G. *Conversações*. Tradução: Peter Pál Pelbart. São Paulo: Editora 34, 1992.

DIAMOND, J. *Armas, germes e aço*. Rio de Janeiro: Record, 2017.

DYSON, F. *O sol, o genoma e a internet*: instrumentos de revoluções científicas. São Paulo: Companhia das Letras, 2001.

GABRIEL, M. *Educ@r*: a (r)evolução digital na educação. São Paulo: Saraiva, 2013.

GABRIEL, M. *Inteligência Artificial*: do zero ao metaverso. São Paulo: Atlas, 2022.

GABRIEL, M. *Você, Eu e os Robôs*: como se transformar no profissional digital do futuro. São Paulo: Atlas, 2021.

GLADWELL, M. *The tipping point*: how little things can make a big difference. New York: Back Bay Books, 2002.

GREENFIELD, A. *Everyware:* the dawning age of ubiquitous computing (voices that matter). Indianapolis: New Riders Publishing, 2006.

HARARI, Y. *Homo deus*. São Paulo: Companhia das Letras, 2016.

HARARI, Y. *Sapiens*: uma breve história da humanidade. Porto Alegre: L&PM, 2015.

HOBSBAWM, E. J. *A era das revoluções:* Europa 1789-1848. Rio de Janeiro: Paz e Terra, 1994.

JENKINS, H. *A cultura da convergência*. São Paulo: Aleph, 2006.

JOHNSON, S. *A cultura da interface*: como o computador transforma nossa maneira de criar e comunicar. Tradução: Maria Luiza X. de A. Borges. Rio de Janeiro: Zahar, 2001.

KELLY, K. *The inevitable*: understanding the 12 technological forces that will shape our future. New York: Penguin Books, 2016.

KELLY, K. *What technology wants*. Pacifica: Penguin Books, 2011.

LAKOFF, G.; JOHNSON, M. *Metaphors we live by*. Chicago: University of Chicago Press, 2003.

LEVITT, S.; DUBNER, S. *Freakonomics*. New York: William Morrow, 2005.

LÉVY, P. *As tecnologias da inteligência*: o futuro do pensamento na era da informática. Tradução: Carlos Irineu da Costa. São Paulo: Editora 34, 1993.

MAYER-SCHÖNBERGER, V. *Delete*: The virtue of forgetting in the digital age. New Jersey: Princeton University Press, 2011.

McLUHAN, M. *Understanding media*: the extensions of man. New York: McGraw-Hill, 1964.

MILGRAM, P.; KISHINO, F. A Taxonomy of mixed reality visual displays. *IEICE Transactions on Information Systems*, v. E77-D, n. 12, dec. 1994.

NAISBITT J.; NAISBITT N.; PHILIPS D. *High tech high touch*: technology and our search for meaning. New York: Broadway, 1999.

PINKER, S. *Como a mente funciona*. São Paulo: Companhia das Letras, 2004.

PINKER, S. *O instinto da linguagem* – como a mente cria a linguagem. São Paulo: Martins Fontes, 2002.

POSTMAN, N. *Tecnopólio*: a rendição da cultura à tecnologia. Tradução: Reinaldo Guarany. São Paulo: Nobel, 1992.

RATCLIFFE, S. (Ed.). Oxford Essential Quotations. 4th ed. Edward O. Wilson. *In: Oxford Reference*. Oxford University Press, 2016. Disponível em: www.oxfordreference.com/view/10.1093/acref/9780191826719.001.0001/q-oro-ed4-00016553. Acesso em: 02 maio 2023.

RITZER, G.; STEPNISKY, J. *The new blackwell companion to major social theorists*. Hoboken: Wiley-Blackwell, 2011.

SAUNDERS, P.; BAZIN, M. Stability of complex ecosystems. *Nature*, v. 256, p. 120-121, 1975.

SCHWARTZ, B. *O paradoxo da escolha*. São Paulo: A Girafa Editora, 2007.

SMALL, G.; VORGAN, G. *I-Brain*: surviving the technological alteration of the modern mind. New York: Harper, 2009.

SPIVACK; N. *A new layer of the brain is evolving*: the metacortex. 2010. Disponível em: http://www.novaspivack.com/web-3-0/a-new-layer-of-the-brain-is-evolving-the-metacortex. Acesso em: 20 abr. 2023.

TAPSCOTT, D. *Grown up digital*: how the net generation is changing your world. New York: McGraw-Hill, 2008.

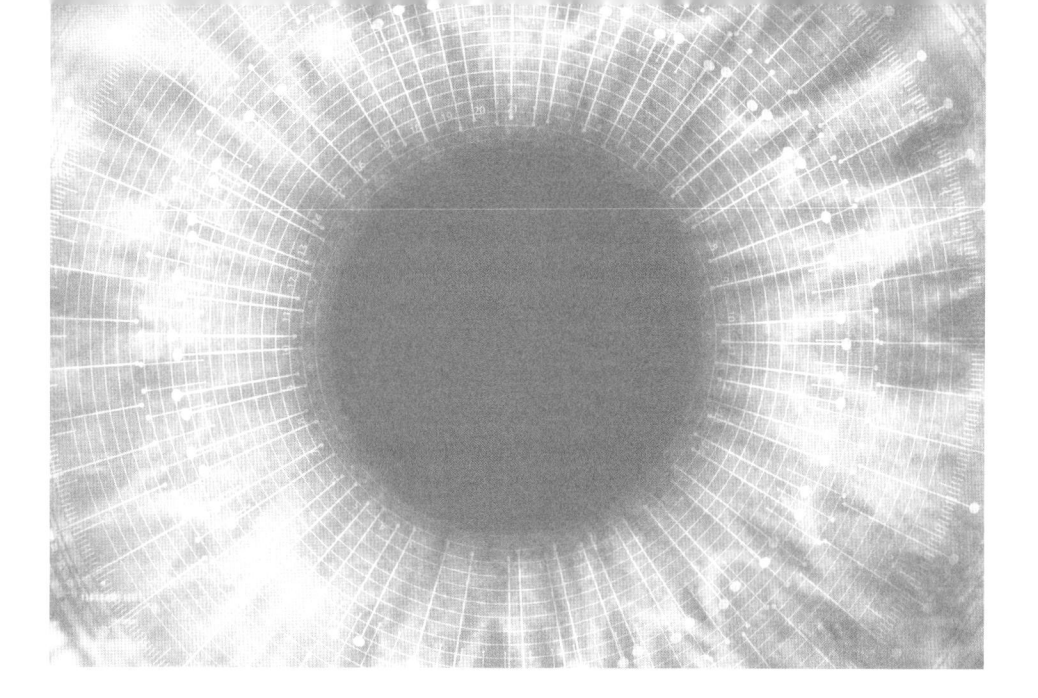

# ÍNDICE ALFABÉTICO